# Conexiones:

Un Viaje de Amor y Autismo

# Conexiones:

Un Viaje de Amor y Autismo

Lynn A. Shebat, M.Ed.

1010 Publishing Company

*Copyright 2019 por 1010 Publishing LLC.*

Todos los derechos reservados. Sin perjuicio de ninguno de los derechos de autor ya existentes, no parte alguna de esta publicación puede ser reproducida, almacenada o introducida en ningún sistema de almacenamiento y distribución, en forma alguna o medio (electrónica, mecánica, fotocopiado, grabado, o demás), sin la obtención previa del permiso escrito tanto del dueño de los derechos de autor así como de la editorial de esta obra.

El escaneo, carga y descarga de este libro a través del Internet o por cualquier otro medio sin el permiso de la editorial de esta obra es ilegal y punible bajo la ley.

Por favor, no adquiera copias electrónicas ilegales de esta obra, ni participe o fomente la piratería electrónica de obras registradas. Le agradecemos de antemano su apoyo a los derechos de autor.

Para la obtención de un permiso de reproducción de partes selectas de este libro, por favor, envíenos un email a 1010PublishingUS@gmail.com, con el título "Permission" en la línea de asuntos.

http://1010publishing.wixsite.com/website

ISBN 978-0-9993978-5-5

Impreso en los Estados Unidos de Norteamérica.

## Tabla de Contenidos

1. Los Sueños y Pesadillas
2. El Principio
3. Tiempo de Acción
4. Los Primero Años
5. Comenzando desde Aquí—Nuevamente
6. La Terapia
7. Hacer Todo
8. La Lucha
9. Los Signos Sensoriales
10. La Vida Real
11. Dieta y Comedores Delicados
12. Preocupaciones de Salud
13. Entrenamiento del Baño
14. Espera lo Inesperado
15. Fundamentos de Seguridad e Independencia

16. Atención Conjunta

17. Toma la Iniciativa

18. Construyendo Puentes

19. Sensorial y El Sueño

20. Empieza con lo Básico

21. Sé el Mejor Detective de tu Hijo

22. Ponerse a Trabajar

23. Comunicación en el Entorno Natural

24. Historias Sociales

25. Escucha Intencional

26. Padre Adivino

27. Escucha a tu Corazón

28. El Viaje Verdadero

29. Los Sueños

30. Resumen

Epilogo

## Prefacio

Presente:

Cada verano, tengo la oportunidad de pasar tiempo en la playa con mi madre y mi hermana. Crecí pasando los veranos ahí, con mis abuelos y bisabuelos. Este es mi lugar feliz.

Es un área tranquila en las viejas playas de la Florida y el pintoresco faro. En la tiendita del faro me compre un diario. Fue hace algunos veranos, en Junio del 2017, que mi urgencia por escribir se definió. Pensé en escribir algunos pensamientos y quizá algún día reunirlos para dar algo de comprensión a mi vida. Criar a un niño con discapacidades (o cualquier niño) engulle los minutos de un día hasta que solo son recuerdos, y te ocupas con el día siguiente.

Comencé a escribir en mi diario. La portada con la palabra *cree* en ella y la fotografía de una libélula, me habló. Me dije a mi misma, solo comienza a escribir; comencé y no pude parar. Mi corazón se desbordaba, la historia tenía que escribirse, y el tiempo era ahora. En este porche, donde la abuela nos contaba sus historias y escribía sus poemas, ahí me senté y compuse mi historia.

Las mariposas que reflejan tu luz bailan alrededor de los arbustos en los que jugué cuando niña. Lo que sé con certeza es que el amor abunda. La vida y muerte continúan, así como el amor por la familia y los amigos que llegan a nuestras vidas y luego se van.

Esta es una historia, una jornada, y espero un compás, sobre cómo ayudar a un hijo con discapacidad, o un salón de clases lleno de niños con varias discapacidades, a desarrollarse en todo su potencial. Este es mi camino, el cual he caminado profesional y personalmente. Mi deseo es el de compartir ideas, estrategias y esperanza que mejorarán tu camino con esos nuestros hermosos niños.

## Dedicaciones

Para Brianna, gracias por permitirme contar nuestra historia. Eres mi vida.

Para Elana, mi hija mediana, mi angelito que sacrificó su tiempo con mama sin tener opciones. Eres un regalo para tu hermana, para mí, y para el mundo.

Para Amanda, tú, mi primogénito, me enseñaste todo sobre como ser madre. Enseñaste a tu hermanita a hablar y experimentar solo disfrute. Siempre has sido su segunda madre. Eres una bendición en todo el sentido de la palabra.

Para Leslie, gracias por el espacio creativo para comenzar esta labor de amor.

Para mamá, has estado en el viaje desde el principio. Por los días en los que me proveíste con el respiro y el espacio para terminar este proyecto, siempre te estaré agradecida. Tu siempre me conociste, me entendiste y me amaste. He pasado ese amor a mis hijas y ellas harán lo mismo con sus hijos.

Para mi padre, te extraño. Tú me diste la fortaleza para sobrellevar los días difíciles.

Para Ellyn, estuviste a mi lado en las buenas y en las malas. Aprendí de la mejor.

Para Diem, mi corazón está contigo en el cielo. Beebop te ama.

Para Sareon, en la tierra, tú tienes mi corazón, libélula.

Para mi amigo el que siempre creyó que esto era posible. Tú me dijiste "Los escritores, escriben" me diste dirección y estoy agradecida.

## Introducción

Estaba en cuarto grado, en la clase de la Srta. Patsy Mills. Tenía 10 años y la asignación era presentar un reporte acerca de un libro usando esos grandes papeles de rotafolio. Como niño, mi miedo principal era hablar enfrente de mi clase y dibujar en estos papeles tan grandes y ambiguos; no sé dibujar. Bueno, elegí mi libro, la historia de Helen Keller. Después de leerlo, supe, como el niño que era, que podría llegar a ser de esos que ayudan a los maestros. Era fascinante, un reto y totalmente inspirador para mí.

Años más tarde, me encontraba en la universidad con algunos otros intereses, especializándome en educación. No tenía ni idea lo que la vida me tenía reservado para las próximas décadas, pero estaba segura de que encontraría mi lugar en el universo.

2017-2018:

En el trayecto de un año, en el cual trabaje en la escritura de este libro, la vida pasaba.

Perdí a mi padre, perdí a un estudiante muy querido de tan solo 5 años, un gemelito; perdí a mi querido Golden Retreiver, Josie, quien fuera compañero de mis hijas. Fui seleccionada como maestro del año, había completado ya 30 años de servicio, pero continuaba enseñando. Mi hija, la mediana, se graduó de Oxford, la más joven cumplió 18 años. Viajé a Italia por primera vez con mi esposo y la mayor de mis hijas me dio la noticia de que pronto sería abuela.

La vida es buena y hermosa. Estar en el momento, presente en tu vida y en la vida de tus hijos. Hacerlo tan mágico como te sea posible para tus hijos, tu familia y para uno mismo.

## Capítulo 1

## Los Sueños y Pesadillas

La graduación llegó con ofertas de trabajo y la oportunidad de comenzar mi sueño de trabajar con niños. No cualesquier niños, pero el tipo de aquellos que necesitan ser entendidos, entrenamiento especial, paciencia, y un maestro que mueva cielo y tierra para ayudarles. Yo amo estos pajaritos de alas quebradas. Ángeles arrojados del cielo para enseñarnos simple mortales.

Comencé mi Carrera, si se puede llamar así, en la cuidad en la que crecí, Miami, Florida. Mas caliente que un desierto a veces con una brisa ocasional del océano si tienes suerte. Acepté un trabajo en una organización no lucrativa como terapista para infantes y niños de hasta tres años. Yo apenas tenía 21, y aunque mis intenciones eran muy buenas, obviamente me faltaba experiencia.

Inocentemente le dije a cada joven madre lo valioso que su bebé era, pero no me daba cuenta de la profundidad de su dolor. Mi intención era demostrar que yo no miraba ningún obstáculo en sus pequeños. Trabajaríamos juntas las cosas que necesitaran reparación. No comprendía la tortura que habían soportado, sentadas en los hospitales por meses, anticipando los resultados de las cirugías y la angustia de las convulsiones, con los medicamentos y numeroso personal médico prediciendo el futuro de sus recién nacidos.

Soñar con un bebé, una familia, una nueva vida arruinada por un diagnóstico de dificultades imprevistas. Corazones rotos, matrimonios y familias quebradas debido al temor inconfundible de lo desconocido—el Triángulo de las Bermudas de qué es lo que sigue. La salud del bebé, los hitos del desarrollo no cumplidos; los gastos médicos y las largas listas de espera para terapias, escuelas y doctores apropiados por mencionar solamente el principio de lo cambiaría estas familias para siempre.

Mil veces, le pediría perdón al universo por mi ingenuidad.

Solamente al nacimiento de mi primera hija podría entender lo que solamente la vida te puede enseñar. Aprendería volúmenes completos en ese sagrado momento, cuando te conviertes en padre por primera vez. Las esperanzas, los sueños sembrados para ti y tu hijo. El deseo insaciable de darles el mundo, de satisfacer todas sus necesidades y cobijarlos con amor. Mirarlos dormir como querubines solamente para quedarte sin aliento ante la hermosa belleza de la inocencia.

Aprendiendo y amando mi campo de estudios, Educación Especial, comencé a desarrollar mis habilidades como joven maestra. Mejoré mi valentía, mi entendimiento y mi sentido del humor en los siguientes años. Al mismo tiempo, era la madre de una hermosa niñita, con la esperanza de tener otra. Soñaba con una familia, una casa, un gato o perro, un patio cercado, un columpio y seguridad. El sueño de muchas: la planeación y preparación, una oración respondida, una vida.

Unos años más tarde, con bebé de jardín como compañera, yendo conmigo al trabajo en la nueva escuela, la vida pasaba. Era la maestra de primer a tercer grado con algunas excepcionalidades, principalmente trastornos de comportamiento, con algunos niños en el espectro de mi carga de trabajo. Me encantaba mi vida, mi trabajo, mi hija. Todo se estaba dando y la vida era buena.

Enseguida comencé a sentir esas nauseas familiares que un bebé en desarrollo crea en tu cuerpo. Sería bendecida doblemente. Mi alegría no podría ser más que una extensión del amor que ya sentía por mi nena. Ella tendría un hermano, nunca estaría sola, y todos mis sueños se hacían realidad. Mi pasión por mi trabajo continuaba, tenía un propósito. Tengo las habilidades de llegar a cada niño y hacer una diferencia. Puedo arreglar lo quebrado, puedo amar lo que no es amado. Prometí que siempre abogaría por ellos. De alguna manera, estaba salvando a nosotros dos, lo que hacía importaba. Esto me traía muchísima satisfacción. Entonces llego el día que me cambio. Las líneas entre lo personal y lo profesional se volvieron borrosas.

Estaba profundamente en terapia con este pequeño individuo en particular. Una joven alma hermosa, aunque molesta, que había estado fuera de control casi toda la mañana. Luego de utilizar varias estrategias para difuminar su agresión, fue enviado al cuarto tiempo fuera (en otras palabras, a su cuarto castigado) lo cual era el procedimiento de la terapia en esos tiempos.   Una vez en el cuarto, el escaló las paredes como el hombre araña por varios minutos. Hablé con él constantemente a través del monitor e hice lo mejor que pude para calmarlo al mismo tiempo que quitaba el peligro de en medio para los otros estudiantes. Hasta que estuve segura de que podía controlarlo, entonces le abrí la puerta. Con calma le dije, "Todo está bien, aquí estoy, sentémonos a platicar. Él se bajó de la pared hundiendo su pie con fuerza en mi recién embrazado vientre. El golpe en el vientre me tumbo, yo traté de calmarme diciéndome a mí misma, "Estoy bien, todo está bien". Continué mi trabajo, mi estudiante se encuentra bien, todos los estudiantes están bien. Hice mi trabajo, "estaré bien," recé.

Estaba teniendo unas manchas menores, lo cual me asusto mucho, así que al día siguiente fui a ver a médico. De todas maneras, ya me tocaba mi visita prenatal regular, así que me presente temprano con toda la familia. Mi hija de cinco años, en su carriola, conocería de su nuevo hermanito. Era un día feliz, exceptuando que no me sentía bien, así que continué orando. El técnico entró con la varita del ultrasonido hablándome, pero no escuché sus palabras. Ella abandonó el cuarto, diciéndonos que regresaba en un momento, "No puedo interpretar los resultados, dijo, y nos informó que buscaría al doctor.

Crecí en un hogar con un padre médico. Conocía los síntomas, la distancia, las maneras con el enfoque adecuado, el código de palabras. El doctor vino y escuchó en mi barriga, y con lo que pareció ser un grito, frente a mi preciosa hija, solo un bebé, exclamó ¡No hay latido de corazón, el bebé está muerto! Me quedé sin aliento.

"¿Que ha dicho?" Miré a mi hija tratando desesperadamente de decir, "todo está bien, mami está aquí." Eso no es verdad. Su padre la sacó del cuarto y yo grité diciendo que no entendía. "¡Llama a mi papá!" insistí. Eso no es correcto, yo siento a mi bebé. Me dolían los pechos y en el estómago sentía mariposas. Mi bebé todavía está en mí. El doctor puso a mi padre al teléfono, quien en perfecto vocabulario médico me dio las estadísticas de un aborto involuntario. Le dije, "No estoy abortando; el bebé esta aquí." Y él me respondió, "lo siento cariño." Se me rompió el corazón, todavía lo tengo roto, y siempre lo estará.

Imagino que estuve deprimida por un buen tiempo. Traté de respirar, de dejar ir el momento más triste de mi vida. Tengo una hermosa hija que necesita a su mamá, tenía que regresar a ella. También tenía que regresar al trabajo que significaba demasiado en mi vida, y no podía tener miedo, estar molesta o amargada, pero sentía todo eso.

Es extraño cómo, cuándo pasas por experiencias en la vida, experiencias dolorosas, sales de ellas diferente. Quizás desarrollas fortalezas que antes no tenías, pero también, cambias para siempre. Hay partes de ti que nunca se recuperarán. También hay poderes que salen de ti y que nunca imaginaste tener. Fuego, una fortaleza para usar cuando más la necesites, surgirá. Tus instintos se afilan a un nivel en que te permitirán ver lo que necesites ver antes de tiempo. La vida no te enviará muchas pelotas curvas más que no seas capaz de recibir o por lo menos no te golpearán directamente. Creces con lo bueno, lo malo y lo imprevisto. Quizás creces para ayudarte a ti misma en el futuro o para ayudar a otros. Como sea, lo cierto es que seguimos adelante, porque es nuestra única opción.

Regresé al salón de clases, pero pinté mis líneas con cuidado, nunca más me lastimarían—no de la misma manera. Mis defensas estaban arriba, pedía ayuda o descansaba cuando lo necesitaba. Seguía mis instintos, prestaba mejor atención a los alrededores; Perdoné. Perdoné mi falta de juicio, por no mirar el peligro venir, por no ser perfecta. Probablemente después de esta tragedia, me enfoque más en mi carrera, sabía que existían bebés que necesitaban mi ayuda. Sabía que toma instintos, ojos y oídos especiales, y mucho corazón para esos días largos.

El estudiante que tenía en el salón, sufriendo de adicción al crack que recibió de la madre al nacer; las familias de niños con necesidades especiales viviendo en absoluta pobreza; el niño de otro país, institucionalizado por una discapacidad menor y los años que tomaría sacarlo del daño que esto le causó; estos estudiantes son míos para enmendar. Junto con estos estudiantes, y otros que se cruzaron por mi camino, comenzamos un viaje por el trayecto de la terapia y diversión para encontrar nuestros caminos. Tengo la fortaleza y la pasión, y mis habilidades se desarrollaban con cada estudiante.

Después de aproximadamente cuatro años, mi segundo milagro sucedió. Nació mi segunda hija; ella fue un maravilloso y esperado regalo.

Elana nació con el pelo muy negro, el cual se le calló más pronto de lo que esperábamos, para ser reemplazado por un cabello super blanco en su cabecita angelical.

Una pequeña rubia de ojos cafés, después de una morena obscura, se sumó a la variedad de nuestra familia. Ya tenía dos niñas, dos hermanitas para compartir su amistad por el resto de sus días. Mi sueño nuevamente estaba en camino, la vida era buena. Tomé la maternidad de un infante como pez en el agua. Estaba tranquila y relajada, era bendecida más allá de las palabras. Ella era un poco irritable y siempre tenía hambre, pero disfruté cada segundo de esta nueva oportunidad para ver cómo se desarrollaba esta pequeña vida.

Regresé al trabajo medio tiempo, disfrutando una oportunidad de trabajo compartida con una colega, también madre reciente. Perfecto en cada sentido, era un nuevo comienzo, una oportunidad para respirar completamente una vez más. Compartí estos momentos tan personales para mostrarte que soy humana. He vivido una vida de experiencias múltiples en ambas partes, mi salón de clases y en casa. Aprendí de esas experiencias para ayudarme a entender a los niños con autismo y todas las discapacidades hasta cierto punto. Tomé estas lecciones y me convertí en mejor maestra y padre de familia.

"Para poder escribir acerca de la vida, primero hay que vivirla""

— Ernest Hemingway

## El Principio

¡Brianna fue una sorpresa! Ella fue una dulce y maravillosa sorpresa que crecía la familia. Siempre había deseado una familia numerosa. Los embarazos de mis otras dos hijas fueron normales y con las precauciones y cuidados usuales. Mientras amamantaba a Eleana, mi segunda hija, comencé a sentir nauseas; pensé que quizá me estaba enfermando, en vez de eso, me encontré embrazada nuevamente. Di la bienvenida a este nuevo paquete con todo el corazón. Me sentía cansada, pero llena de alegría con el crecimiento de mi familia.

Mi embarazo de ella, a los 36 fue estresante. Ultrasonidos, una amniocentesis, y todos los demás procedimientos implementados. A los tres meses, el ultrasonido mostró problemas de fluido sanguíneo hacía el corazón, lo cual podría ser indicador de problemas del corazón en el ventrículo izquierdo.

Por ese entonces Google era nuevo, y los buscadores estaban a todo lo que daban en mi computadora mientras me auto diagnosticaba buscando por cualquier y todas las posibilidades. Mínimo, estaba super asustada, y esto causó un periodo emocional del embarazo. Traté de mantenerme libre de estrés, pero me era prácticamente imposible, oraba constantemente. El siguiente ultrasonido llegó, y esperé para saber los resultados. Me preguntaba si esto representaba para mi bebé una futura cirugía a corazón abierto. Oraba con todo el corazón para que este no sea el caso. No pensaba que era una madre lo suficientemente fuerte para algo así, no era tan valiente.

Oré para que ella estuviera completa en cada parte de su cuerpecito. Era pequeña e inocente. Llévame a mí, pero por favor, no la hagas sufrir y pasar por una tortura como estas, es tan solo un bebé. Me asustaba mucho imaginar lo que nos esperaba.

Era la temporada navideña y caminamos por el mall tratando de matar tiempo ante la expectativa de los resultados. La enfermera llamó y dijo estas palabras, "El corazón está perfectamente desarrollado, los ventrículos están ahí en forma de cruz." Mis oraciones fueron escuchadas, "Gracias Dios," oré agradecida. Había esquivado una bala que sabía no podría soportar. Ella estaba saludable del corazón, y mis oraciones fueron escuchadas, estaríamos bien. Mi sueño nuevamente estaba en camino, la vida era buena nuevamente. Una vez más seriamos bendecidos. Una vez más estaríamos a salvo de la tristeza que otros padres sufrirán mientras camino junto a ellos, pero no en sus zapatos.

Solo teníamos que esperar el nacimiento de nuestra hija número tres, y este sería el ultimo bebé que tendría. En mi corazón había una satisfacción total, tengo a mi hermosa familia. Estaríamos completos, seriamos felices. Mis hijas se tendrán unas a otras, tendrían un amigo en sus hermanas.

Carta para Bri:

Para la más pequeña,

Estas creciendo. Eres dulce y risueña. Eres mi Corazón.

Divagas con algarabía, pero no hablas.

Tus hermanas ya decían oraciones y frases a tu edad.

Eres solo un bebé, tomate tu tiempo mi amor.

Mami.

Tenía la esperanza que fuera solo un retraso en el habla basado en la posición que tenías entre tus hermanas. Eras la bebé después de todo y la más joven de las tres. Tus hermanas hablaban por ti. De acuerdo con las historias familiares, yo hacía lo mismo por mi hermanita. Ya vendrá, me decía.

Brianna me miró a los ojos, todavía no estaba preocupada. Esperaba; esperé por 13 largos meses exactamente. Pasó su primer cumpleaños, y todavía amamantaba, creciendo, feliz y saludable. Estas fueron sus primeras palabras a los 13 meses: mami, pelota, Elmo, y ¡no!. "está bien" me decía, ya vendrá. Mi corazón se agitaba un poco, mis instintos eran fuertes y defensivamente los hacia a un lado. Decidí que ya era tiempo, mi corazón no se tranquilizaba y mi miedo no se iba

Ellos se volvieron más intrusivos. Ya era una maestra veterana de la educación especial, conocía las señales, no podía ignorarlas por más tiempo. No quería ver las señales, para mí, ella era perfecta en todos sentidos.

Ella tenía retraso en el habla, pero excedía en todo lo demás. He visto peores durante mi carrera. Le dije que todo estaría bien, y le dije lo mismo a mi corazón.

Hice las citas, las evaluaciones, y las disculpas por hacer perder el tiempo a todos porque era una profesional en el campo. Me hice amiga del pediatra, la terapista ocupacional, y el terapista del habla. Pretendía que estaba trabajando, estos eran mis colegas. Ya sabía el ejercicio. Esto era algo por lo que tenía que pasar, luego los profesionales me dirían que todo estaba bien. Diría el mantra que Bri solo esperaba a que nosotros escucháramos su voz. Ella es su propio espíritu, y hablaría cuando estuviera lista.

Mientras tanto, veré que es lo que los expertos dicen. Me dijeron, "TGE-NE, por sus siglas en inglés PDD-NOS, Trastorno Generalizado del Desarrollo, no especificado, no autismo, no trastorno del espectro autista, todavía".
Básicamente, en mi mente un diagnóstico que significa que no saben que es. "Los expertos están equivocados," grité para mí misma. "Eso es lo que dicen cuando realmente no saben," repetí molesta. En mi frustración grité, "No mi hija, no Bri." "No yo," susurré egoístamente.

Simplemente no tenía sentido, no podía procesarlo. Primero que nada, en una conversación con mi poder superior, yo negocié, "Acuérdate Dios, ¡yo quería esta carrera desde que era niña! ¿No gané puntos por eso?" cuestioné. He dedicado mi vida, no solamente a los niños con discapacidades, pero a sus familias. Diecisiete años de alma y corazón dedicados a este campo, amo mi carrera. Me venía natural, discutí. La gente inclusive me llamaba a veces la "Susurrador del autismo (Autism Whisperer)" en el trabajo. Esto es mi vida, mi familia y carrera son aparte. No podía aceptarlo.

 La familia dio su opinión, cada uno tenía su propia opinión acerca de mi preciosa hija. Todos estaban equivocados, de acuerdo con mi corazón en estos tiempos. Me decía a mí misma, yo lo arreglaré. Mami vendrá al rescate "estoy a cargo", dije. Sopesé los pros y contas de muchos argumentos hasta que llegué a un plan. Bri comenzó meses de terapia en Children's Healthcare de Atlanta, lo mejor en cuidado pediátrico. Sabía que estaba en buenas manos. Incluí nuestros nombres en la lista del mejor pediatra en desarrollo del país, Dr. Leslie Rubín, quien practica precisamente en

Atlanta. Luego comencé la investigación; leí, miré, y estudié todo lo que me encontraba. Investigué genética, inmunizaciones, una dieta para autistas, mercurio en el ambiente, dieta sensorial, cámaras hiperbáricas, baños de carbón, minerales, quelante y cualquier otra terapia existente en libros al momento. Aprendí todo lo necesario para ser su mejor madre, terapista y defensora. Que siga el juego, manifesté. Yo aprendería a patearle el trasero al autismo.


Carta para Bri:
Para Brianna,
Eres adorable. Tuz ojos todavía tienen color avellana. Me pregunto ¿tendrás mis ojos? Amas a tus hermanas. Juegas con las muñecas. Traes un galón de leche completo

al segundo piso junto con tu biberón y mamila en mano. Probablemente eso no es típico, pero nos haces reír con tu tenacidad.

Adorándote,

Mami

## Tiempo de Acción

Mientras leía libros, estudiaba las investigaciones y tomaba el entrenamiento básico en ABA; Análisis Aplicado del Comportamiento, una Terapia de Prueba Discreta, Brianna y yo comenzamos a trabajar. Nuestro escenario era la silla de bebé alta. Los materiales eran, una pelota, un muñeco Elmo, un bloque y figuras en la mesa. Presente los materiales a mi pequeña en forma de una prueba discreta con propósito. Le presentaba un objeto a la vez, el vocabulario y el reforzamiento. Usé cereal Cheerios con ella porque era el favorito de todas mis niñas.

Sostuve la pelota. Bri, "dije suavemente, toca la pelota, di pelota." Enseguida, le presenté dos objetos al mismo tiempo, un bloque y una pelota, y dije nuevamente, "Toca la pelota." Mi corazón le rogaba hacer la elección correcta, solo quería que me mostrara que ella entendía. ¡Le rogué que lo hiciera por mami! Le urgí que me mostrara que ya lo sabía—que ella estaba ahí. Ella estaba atrapada en el silencio del autismo. Le canté y le dije que estaría ahí junto a ella. "No te dejaré, le prometí." "Seré tu voz, haremos que suceda." Mi corazón le rogaba tocar la pelota, di pelota, hablar. Día tras día, repetiríamos los mismos ejercicios. Cambiaria los objetos con el mismo concepto. Usaría una pelota o Elmo diferente pero consistentemente diría palabras para alcanzarla o lograr su atención con nuestra terapia. Les pondría etiquetas a los objetos y los sostendría a distancias iguales estimulándola para tocar la pelota. La estrategia era para que ella demostrara conciencia de la conexión entre una palabra y un objeto.

Su lenguaje comprensivo era evidente con su comprensión de las cosas dichas hacia ella en el ambiente del hogar, pero necesitaba demostrar su entendimiento en esos pequeños incrementos. Sabía que ella sabía lo que Elmo y la pelota eran, con excepción de la comida, esos esos dos objetos eran todo su mundo. El truco era hacerla identificarlos a través del lenguaje.

Comportamiento verbal, la expresión de una etiqueta, era la pepita de oro. Antes que esa habilidad estaba la demostración receptiva de alcanzar para tocar el objeto en demanda. Era un trabajo tedioso, pero varios meses más tarde vimos los resultados del trabajo intensivo. Ella finalmente daba aproximaciones de la palabra "pelota (ball)", con el sonido de principio de la palabra seguido del sonido "ee (aa en inglés)." Era progreso, era por lo que estábamos trabajando por tanto tiempo, pero solo era una ranura en la ventana. Tendríamos que continuar trabajando semana tras mes tras año para ampliar su vocabulario, comenzando con esas palabras provocadas y comprensión receptiva.

La terapia ABA y la Prueba Discreta ayuda bastante con la mayoría de los niños que tienen varios déficits de lenguaje y habilidad. Se enseña con las demandas más pequeñas para ayudar a obtener la independencia del niño a través del uso de indicaciones. Para comportamiento verbal, le ofrecería el Elmo a distancia, enseñándole a pedir el muñeco con sus aproximaciones vocales, o mejor aún, diciendo el nombre "Elmo". Luego, una vez que tratara de decirlo, se lo daría y diría, "Sí, este es Elmo," reforzando con elogios positivos y ocasionalmente un Cheerio, aunque para Bri, Elmo era siempre suficiente. Como fuimos progresando con la terapia, introduje la pelota y también Elmo, para motivarla a distinguir entre los dos.

A través de estas lecciones diarias varias veces al día, ella escuchaba el lenguaje que nosotros deseáramos escuchar de ella. Cada objeto que incluíamos se sumaba a su vocabulario. Comencé despacio, y no incluía demasiado a la sesión hasta que realmente dominara el concepto. Le hablaba constantemente e invocaba a cada miembro de la familia para que también lo hiciera, ya sea conversando o cantándole, etiquetando todo en su entorno. A través de estas experiencias y las de muchos niños que he enseñado a través de los años, creo que el bombardeo del lenguaje en un formato simple ayudará con el desarrollo del lenguaje. Ellos tienen que escucharlo, mirarlo, y luego tenemos que checar para ver si lo han entendido.

Haz tu propia investigación acerca de las Pruebas Discretas ABA a través de un analista certificado en el comité (BCBA), el cual podrías encontrar benéfico de que sea parte de tu equipo. Existen muchas terapias diferentes que benefician a los niños en diferentes etapas, y tienes que encontrar lo que mejor funcione para tu familia. Descubrí que esta terapia era una buena manera de fomentar una base para Brianna, lo cual eran sus cuatro palabras, y de ahí partimos. También mencione que hice esto desde la silla alta, porque de otra manera no podría contenerla o ganar su atención. El beneficio de enseñar en pequeños incrementos es la meta—es sencillo o discreta. Si quiero que me mire, que me mire a los ojos, diría, "¡mira a mami!" Todo lo que necesitaba era una segunda mirada, y ella corría por todo el lugar. La levantaría en brazos y le diría "Mira a mami, mira a mami." La práctica hace la perfección o técnica, reforzando se logra el comportamiento luego de mucha práctica y guía. Yo sentía que mi hija estaba encerrada en la obscuridad del autismo, y yo no lo permitiría. Nuestro trabajo continuó. La terapia continuó. Tuve que mirar por mis otras hijas durante esta jornada, pero no les pregunte si querían unirse, no había opciones, teníamos que seguir adelante.

No pararía hasta que Bri estuviera hablando y menos frustrada. No pararía hasta que Bri estuviera con nosotros total y completamente. Las otras también eran mis bebas, ellas me necesitaban también. Estaba muy cansada, pero también estimulada. Si hubiera tenido que parar para hacer inventario de los alrededores en algún momento con mis hijas, mi carrera, mi matrimonio, mi hogar; Si hubiera tomado un respiro, el progreso se hubiera detenido en mi mente. Estaba en las etapas iniciales de convertirme en una Madre Guerrera. He perdido algunas batallas, pero me niego a perder a mi hija.

"Un viaje, es una persona en sí misma: no hay dos iguales. Y todos los planes, salvaguardias, vigilancia y coerción son infructuosos. Encontramos que después de años de lucha, no hacemos un viaje: más bien, un viaje nos lleva."

—John Steinbeck

Capítulo 4

Los Primeros Años

Negación es el término usado cuando describimos a padres que no están listos todavía para investigar una discapacidad. Ese momento al que nos aferramos cuando conocemos a nuestro hijo y pensamos que podemos manejar la situación actual. Para mí, trabajando en un centro psicoeducativo para niños con una variedad de discapacidades, especialmente autismo, lo hizo muy difícil. Estaba rodeada de profesionales que podían escuchar el dolor en mis inquisiciones acerca del desarrollo de Brianna. Mi propia asistente, mi amiga, podía ver para lo que no estaba lista.

Recuerdo una noche cuando estábamos comiendo sushi y Bri solo miraba un cuadro de vidrio que contenía un kimono rojo brillante. Tenía como dos años, y estaba muy molesta de las interpretaciones que mis amigos hacían de su comportamiento. La defendí profusamente diciendo que todos los bebés hacían eso, sabiendo muy bien que había un problema. En otra ocasión, dejé a las niñas con mi hermana mientras mi marido y yo nos fuimos de viaje. Cuando regresé a casa, mi hermana señalaba el aleteo que Bri haría. Nuevamente, defendí su comportamiento e inventé excusas para explicar su comportamiento. No estaba lista para aceptar que había algo diferente en mi hija.

Ya había comenzado a recibir los resultados de las evaluaciones de los terapistas del habla y ocupacionales. Sentía que estaba haciendo algo para ayudar con sus deficiencias de comunicación. Pensé que sería algo rápido de arreglar con unas cuantas sesiones de terapia. Estar en el medio de la educación especial no lo hacía más fácil para mí que para otros padres. Conocía los síntomas, podía diagnosticar al hijo de otros en un abrir y cerrar de ojos, pero cuando estas en la silla del padre, no importa cuál sea tu educación, nunca es fácil ver la verdad. No había diferencia, quizá era peor.

Hasta el día de hoy, todavía miro más potencial en Bri de lo que otros miran. Esa es la posición natural de un padre. Como yo, cuando ya estas listas para ver lo que quieres desechar, abrirás tus horizontes y procederás a tomar el camino más benéfico para tu hijo.

Teníamos el diagnostico, contábamos con los terapistas. Teníamos una hermosa niña con algunas idiosincrasias, la cual tenía una gran fuerza, era extremadamente activa y todavía no decía ni cinco palabras. El tiempo transcurría. Se dice que Einstein no habló hasta los cinco años. Existen muchas personas importantes e inteligentes que no hablaron hasta que estuvieron listas para hacerlo. Yo me aferraba a esta esperanza tanto como podía.

Una cosa era segura, Bri entendía el lenguaje. Varias lenguas de hecho obtenían un comportamiento correcto de ella. Su abuela hablaba Frances, hebreo y árabe alrededor de ella y le pedía cosas a Bri como, "trae los zapatos de abuelita", o "apaga la luz", y Bria seguía las instrucciones. Entendía todo lo que se decía, solamente no respondía, excepto por palabras que sonaban como balbuceo. Ella balbuceaba y hablaba con todos, solo que era en una lengua ininteligible.

La vida continuaba y rápido. Yo todavía enseñaba. Las niñas estaban creciendo. Yo tengo que regresar al trabajo de tiempo completo y esto quería decir poner a mis dos hijas más jóvenes en la guardería. Elegí la mejor y más cercana a mi trabajo. Acababa de conseguir un empleo cerca de casa en una buena escuela que albergaba un centro psicoeducativo. Estaba muy emocionada de estar cerca de casa, pero mi corazoncito está un poco adolorido por la culpabilidad de dejar a mis nenas nuevamente. Me convencí a mí misma de que un programa para bebés seria lo mejor para Bri y su hermana. Mi hija la mediana tenía casi cuatro años para entonces, y estaba emocionadísima de saber que iría a una escuela para niños mayores. Tenía confianza de que Bri aprendería a hablar al estar alrededor de niños de su misma edad. La realidad de lo que pasaba era que Bri aprendía como abrir todos los candados de los adultos en las puertas con seguridad a prueba de niños, abrió todas las llaves de agua, soltó todos los excusados, y se convirtió en la más grande artista del escapismo desde los tiempos de Houdini.

Me sorprendió este comportamiento, y como todo padre protector, asumí que era debido a la falta de supervisión por parte de la escuela. Ni siquiera me di cuenta de que estos comportamientos eran parte de un interesante desarrollo en mi hija. Meses después, el director me llamo para decirme que quizá este no era el mejor lugar para mi hija, y esas ¡eran palabras de pelea para mamá tigre! No podía creerla arrogancia, incompetencia o crueldad de decirme esto. ¡Bri, ni siquiera tenía dos años! Estaba furiosa.

Pensé en renunciar al trabajo, lo cual sería un dolor de cabeza financiero, al igual que personalmente. He manejado bien amabas, mi carrera y mi familia, si se le puede llevar manejar, hasta el momento. Estaba molesta, confundida, y protectora de la más inocente de mis bebés. Comencé a buscar diferentes programas, lo cual aumento mi frustración de arruinar mi vida tan perfectamente planeada. Lo quería todo, y continuaría tratando hasta que consiguiera conocer este camino para nosotros. Elegí la escuela Montessori, la cual sería de gran ayuda. Un enfoque educativo orientado para intencionalmente motivar al niño nos daría la solución que estaba buscando. Después de todo, en mi mente, no había nada malo en mi niña desorientada. De hecho, me calmé con las ideas de como Brianna estaba muy avanzada para los niños de una escuela regular, y era por eso por lo que ella demostraba estos comportamientos. Pensar en un espacio abierto lleno de juguetes, rompecabezas, y matemáticas, y centros de física representaría el mundo en sus manos. Con todo el corazón desee que ella entrara a este maravilloso ambiente y mostrara a todos lo increíblemente inteligente que era. Desee que, con tanta motivación y espacio libre, ella hablaría. Es todo lo que quería. A este punto, solo quería que ella estuviera feliz, segura y protegida de cualquier juicio, y escalas de valores para decirme lo imperfecta que ella era en su nivel actual.

Es una cruel e innecesaria realidad, la que nos golpea a nosotros como padres jóvenes. Viene a veces de gente que cuida. Maestros, doctores y terapistas con buenas intenciones, pero en la mayoría de los casos no estamos listos para ninguna cruda verdad. Llevamos en nuestros corazones a nuestros niños, nuestros bebés, y todos los sueños a futuro, y entonces, se nos dice que bajemos la velocidad y echemos un segundo vistazo. Es mejor si somos las primeras personas en la vida de nuestros hijos en notar los retrasos, pero al mismo tiempo, nuestros corazones están tan llenos de amor que no podemos ver lo que otros pueden. Es este tiempo en mi memoria y en la de mis familias que han sentido lo mismo; les pido que recobren el aliento, ama el momento en el que estas con tu hijo y escucha a los ayudantes, si es lo que son, con un grano de sal. Realmente, no cambia tu mundo, solo lo hace más lento para el tiempo que necesitas.

Bueno, comenzamos en la escuela Montessori. A Bri, le encantaba el ambiente. Había muchos juguetes—estimulo, centros de limpieza, había muñecas en cada esquina y por supuesto otros bebés. Ella estaba feliz explorando su nueva escuela y parecía que se estaba ajustando muy bien.

Por ahí vino la Srta. Dianne, la maestra para niños de dos años. Era la más dulce, fuerte y el ser humano más instintivo que he conocido. ¡Ella *conocía* a los niñitos! Tenía vasta experiencia. Ella era poderosa por derecho propio, y la manera en que manejaba el salón no era menos que magnifico.

Bri era su musa, y la Srta. Dianne la de ella. Sabía que la Srta. Dianne era un ángel para mí. En estos tiempos de desesperación, ella me dio esperanzas. Ella también me enseño habilidades maternas con Brianna, me enseñó la estructura de su salón—como los niños recogerían sus pequeñas cosas independientemente. Esta pequeña banda de niños se sentaba en la alfombra en forma de círculo y esperaba por sus instrucciones. Nunca había escuchado a un niñito de dos años usar las palabras "no es aceptable" antes de ver su clase. Era chistosísimo pero efectivo. Ella insistió en que Bri solo traería un Elmo cuando iba a la resbaladilla ¡y no cinco! Nunca hubiera pensado en eso, quizá ni lo había notado, pero era restringido, Bri no podía jugar con todos sus juguetes a la vez. Solo quería que tuviera, aquello que le hiciera feliz, no entendía en ese entonces que nuestros hijos tienden a acumular sus pertenencias como si las fueran a perder para siempre si las dejaban asentadas. La Srta. Dianne estuvo ahí para enseñarme que yo no estaba lista para ver. Nos enseñó a Bri y a mí, una manera firme pero cariñosa que hace toda la diferencia. Ella insistía en la completa participación del círculo, siguiendo sus instrucciones y lo más importante, su tiempo de siesta. Créanme que esto fue una novedad para nosotras dos. Bri nunca había tomado una siesta. Otro concepto que no había comprendido en esos momentos de mi vida era la presencia de anormalidades o irregularidades en el sueño.

Bri no tomaba siestas, pero tampoco se dormía temprano. Ella solo paraba cuando se le gastaban las baterías, solo descansaba lo suficiente y luego regresaba completamente despierta y lista para seguir. Es un patrón de comportamiento de nuestros hijos en el espectro, y a veces otras discapacidades que no conocía. De alguna forma esto no surgió en la escuela de postgrado en ese entonces.

Aprendí tanto viviéndolo día y noche. La Srta. Dianne trataba a Bri como a cualquier otro en la clase. Ella era un regalo del cielo para mí. Comenzamos a mirar progreso desde el principio. Bri estaba respondiendo a la estructura, abrazaba a todos sus amiguitos y les decía adiós a todos en la clase al final del día. Ella trataba de robarles sus juguetes, especialmente los chupones si los dejaban, pero mirábamos mejoras.

La razón principal por la que escribo acerca de la Srta. Dianne es porque como dice el dicho "Toma todo un pueblo." No sabes lo verdadero que es esto. Como fanática del control admitida cuando se trata de mis hijos y especialmente de Bri, tuve que aprender a veces dejar ir y a pedir ayuda. Esas dos cosas no me vienen de manera natural. Así que, desde el principio, aprende a buscar a los ayudantes, y permíteles que te ayuden. Yo hasta el día de hoy, todavía sigo tratando, y Bri ya tiene 18 años. Los recursos están en estos tiempos más disponibles, aunque todavía resultan un poco caros. También es necesario encontrar el tiempo para hacer relaciones con los proveedores de cuidado para nuestros hijos. Si ellos no pueden hablar o decirnos que están seguros, nos corresponde a nosotros asegurar que lo estén. Es por eso por lo que yo todavía busco la ayuda correcta. A menudo, un estudiante colega en el ramo podría ser una opción prometedora. Desafortunadamente, a menudo ellos regresan a la escuela o eventualmente comienzan un trabajo regular. Cuando sus hijos son pequeños, la mejor práctica es encontrar compañeros de la misma edad.

Si tienes suficiente suerte de encontrar a un compañero motivado o un amigo para tu hijo, que pueda crecer a la par, sería lo ideal. No te imaginas lo positivo que puede ser esta influencia tanto para tu hijo como para el otro. Después de todo, es así como llegué a esta carrera que amo y por la que siempre he sentido pasión. ¿Quizá puedas alentar a las siguientes generaciones de maestros, terapistas o inclusive doctores? En este mundo al cual fuimos empujados, no témenos muchas opciones personales. Si pensamos fuera de la caja (de la media) y trabajamos juntos en construir comunidad para apoyar a nuestros hijos, todos se benefician.

Montessori fue una gran transición de la guardería tradicional para nosotros. Como sea, no fue suficiente. Después de muchas horas de pensar y observar a Bri en el círculo de otros niños típicamente desarrollados, me di cuenta de que debía buscar más apoyo. Comencé el proceso de evaluación de servicios a través del sistema de escuelas públicas para el que trabajaba. En estos tiempos, estaba enseñando a niños de secundaria con autismo severo y dificultades de comportamiento. La idea de que mi propio bebé sería como estos niños a los que enseñaba, era dolorosa. No me atrevía a mirar en una bola de cristal, la cual me mostraría su sufrimiento por no tener independencia, deficiencias de comportamiento, y desordenes de lenguaje. Si, me siento hipócrita, pero en esos tiempos ella parecía tan lejana a los niños de su misma edad en el grupo, y era apenas una bebé. Recuerda, es un proceso el dejar atrás la negación de cualquier cosa mal y también tomar los pasos necesarios hacia la aceptación.

Siguiendo una evaluación, ella calificaba para un preescolar para educación especial de medio tiempo. El programa se facilitaba en la escuela que estaba junto a la mía. Ella tendría que tomar un camioncito para regresar de la preescolar hacia su programa en Montessori. Un autobús escolar para que una niña de dos años vaya a un sitio al otro lado de la calle—pero esto casi me desmaya. Mi pequeña nena en un autobús era más como una pesadilla para mí que una oferta de ayuda. Pero no tenía otra manera de hacerlo pues estaba trabajando, no podía dejar mi clase a mitad del día. Así que con todo el dolor de mi corazón acepté que comenzara en este nuevo programa.

A Bri le encantaba la cocinita, pero estaba obsesionada y no se quitaba de ahí, así que esto resultó en múltiples rabietas de su parte. No tardó mucho para que yo comenzara a recibir las caritas tristes en sus reportes diarios acerca de su comportamiento. "Mátame suavemente," solía yo decir como queja. Si miro hacia atrás, yo creo que lo que haría era solo parar mi mundo y enseñarla yo misma. Este pensamiento ya había cruzado mi mente un millón de veces. Sin embargo, aprendí que ella necesita de esos otros bebés, y definitivamente necesitaba de esos profesores y que esos terapistas sean su modelo y no su mamá. Lo resolví enseñándole cada segundo de sus días, el modelo de la villa era lo que necesitábamos.

Apenas tenía dos años, pero me di cuenta de que le gustaba mucho la terapia artística con la Srta. Wendy. Cuando la sacaban de la amada cocinita, se sonreía y le reía al modelo de plastilina, la pintura y la crema de afeitar. En estos momentos, la única forma que hubiera sabido que esto era una simple polaroid (fotografía) que mostraba una hermosa sonrisa en la cara de mi angelito. La cara que estaba convencida hubiera llorado por mí todo el día, y era bueno saber que no era verdad. Hasta el día de hoy, como soy mentor de maestros jóvenes, el primer consejo que les doy es de fotografiar todo lo posible, especialmente a nuestros niños que no pueden ir a casa y luego contarnos de su día. No solamente me proporciona información acerca de su día, pero también me da confianza.

Esta vez, fue la introducción a la terapia artística, músico terapia, terapia educacional y terapia del habla en el sistema escolar en la etapa de intervención temprana. Como maestro, estos tiempos a veces representaban una oportunidad para ponerme al día en mi papeleo. Como padre, no era menos que un milagro mirar al terapista obtener algo más de Bri. Los terapistas eran exactamente lo que Bri necesitaba para abrir su mundo. Las cosas más importantes que aprendí de estos primeros años de intervención era que Bri se comportaba de diferente manera con cada persona. Esa fue una lección importante para yo entender la consistencia y generalización de habilidades. Bri escuchaba, tomaba y elegía de quien quería seguir instrucciones. Usualmente dependía de quien tenía el mejor reforzamiento. Ellos mostrarían, a mamá —al maestro de educación especial—las habilidades que ella estaba desarrollando en el ambiente. Eso fue impactante para mí.

Un día, mientras hacía terapia en casa, en su silla alta, le mostré una galleta. Le mostré el símbolo para galleta usado en el lenguaje de señas. Ella me miró y lo convirtió en canción— la "G es para galleta" una canción de plaza sésamo. ¡Casi me desmayo! Ella estaba aprendiendo a cantar, se estaba aprendiendo las letras de varias canciones y en vocabulario perfectamente articulado. Aunque no etiquetaría una galleta por nada del mundo. ¡Pequeña alma obstinada!

"Quiero todos mis sentidos comprometidos. Déjame absorber la variedad y singularidad del mundo."

—Maya Angelou

## Capítulo 5

Comenzando desde Aquí—Nuevamente

Tuvimos un nuevo punto de partida. Una nueva línea de base con habilidades emergentes que parecieron desarrollarse de la noche a la mañana. Ella siempre me sorprendía con sus nuevos trucos. La belleza de ello estaba en la comprensión de su evidente conciencia. Ella prestaba atención incluso cuando parecía que no lo hacía. Entonces, cantamos. Cantaríamos "G es para galleta", y luego nos detendríamos. Yo sostendría la galleta en frente de ella preguntándole, "¿Qué quieres?" le pedíria que dijera "Galleta." Luego esperaría, le mostraría la etiqueta y esperaría. Lo que parecían como mil repeticiones, probablemente fueron cerca de 10 por sesión. Entonces ella juntaría sus preciosas manos y me mostraría la etiqueta de galleta. Todavía no lo dijo, pero lo hizo cuando se le pidió. Mi corazón se llenó de alegría. Continuamos cantando, cantamos todo—la canción "ABC", la de "Contar hasta cinco", la de los "Vegetales". Sus favoritas, como la de "Si eres feliz y lo sabes"—las cantamos todas y ella respondía. La lección aprendida en ese momento fue que ella estaba escuchando. Ella lo hablaba todo a una velocidad rápida, y lo devolvía en forma de una hermosa, rítmica, angelical canción, aunque en tono muy bajo, se estaba comunicando. Como decía mi padre, "¡Contacto!" hemos hecho contacto, nos hemos conectado en su plataforma. Descubrir cómo hacer más de lo mismo, se convirtió en mi tarea principal.

Inventé canciones sobre irse a dormir, cepillarse los dientes, y hacer del baño. Lo curioso es que mis otras hijas ahora ya mujercitas, todavía cantan la canción de hacer del baño. Yo le cantaba a ella todas las canciones que sabía, las clásicas: de los Beattles, Simón y Garfunkel, Elton John, Billy Joel, inclusive algunas de Frank Sinatra en honor a mi padre. Le ponía música de Mozart, Itzhak Perlman y Beethoven. Fui a la biblioteca y saqué Jazzy Classic para niños, las selecciones de Motown, y canciones de todo el mundo. Batería y violín, piano y flauta, cantos y poesía; le ponía todo lo que llegaba a mis manos. Esto fue antes de la música streaming. Ahora es más fácil tener variedad a tu disposición, hasta grabé CD's para tocar en el carro.

Ella me mostró con su comportamiento cuales canciones le gustaban, y se aseguró que supiera cuales quería que se tocaran una y otra vez. A veces, para aumentar su tolerancia, le ponía las canciones que menos prefería y las dejaba por un minuto más, y entonces usaba la oportunidad de obtener la parte verbal en ella que se aproximara a su petición.

Nuestro mundo de música y comunicación creció y se generalizó a todos sus entornos y a todos los miembros de la familia. Ella escuchaba y respondía más consistentemente a las canciones, y esto se convirtió en nuestro idioma de elección. Luego, cuando exploré la verdadera ciencia de la musicoterapia, aprendí acerca del poder del ritmo en nuestros bebés en el espectro. Para hacer su lenguaje más funcional, tuve que regresar a lo básico eventualmente. Mientras mantenía la canción tocando, la usaba para reforzamiento. Si eres nuevo en el mundo del autismo y todo el vocabulario, esto se convertirá en tu nueva lengua común. Básicamente, cada tarea que enseñas deberá estar seguida por el reforzamiento. En otras palabras, estos ángeles especiales, usualmente no actúan por el placer de complacer a otros. Esa parte de su cerebro funciona diferente, ellos básicamente trabajan por lo que quieren o si tienes un truco bajo la manga para el reforzamiento, entonces trabajaran por ello. Luego, actuarán la misma tarea en una rutina con menos o sin reforzamiento, pero eso toma tiempo.

La estructura o patrones que nuestros hijos desean les son reforzantes. Una vez que hayan dominado la habilidad, la realizaran de forma independiente, dentro de la estructura (por ejemplo, colgar su mochila en el salón de clase o poner sus zapatos en el mismo lugar en casa.) Al principio, un maestro o padre reforzará este comportamiento por meses y de repente, el niño lo hará de manera independiente. Esto sucede cuando el niño asume la responsabilidad de la tarea, es independiente a la tarea completa, y básicamente está auto motivado para completarla. Una nota rápida acerca de reforzamiento: Como padre, sabes lo que le gusta a tu hijo y por qué están dispuestos a esforzarse, o por lo menos les interesa. Aunque esos intereses cambien a veces muy seguido, a veces son los mismos. A Bri le ha gustado mucho Elmo desde su niñez hasta el día de hoy. Lo curioso era que Bri tenía amores de reserva, a ella también le gustaba mucho Dora y Pooh. Era maravilloso para Bri tener tantas cosas que le trajeran alegría. Nunca se me ocurrió que podría ser un problema. Un día, cuando Bri tenía como cuatro años, una terapista con mucha experiencia trabajaba con ella durante la sesión ABA, y ella no discriminaba en el reforzamiento positivo. Quiero decir, cuando la tarea se le presentaba a Bri y no lo hacía, no recibía reforzamiento, porque si no podía tener a Elmo, ella buscaba a Dora. Esto fue un problema para las sesiones de terapia porque yo sabía que ella podía dominar una tarea sencilla, como tocar la pelota, pero ella solo balbuceaba, se agachaba para pasar por debajo y corría alrededor. Una sesión como esa enseñaría aun buen terapeuta a jalar las riendas en ambos lados, el niño y en los reforzamientos. Para mi hija precoz, el juego de persecución resultó ser más reforzante.

Ahora en ese momento, no era lo suficientemente perceptiva como para saber la diferencia en sus respuestas de comportamiento. El terapeuta me pidió que reuniera todos sus juguetes favoritos en una canasta. Lo hice, sabía que ella amaba esos artículos, eso fue un comienzo. Con Bri y todos los niños, sus intereses cambian de tiempo en tiempo. Es difícil encontrar el reforzamiento exacto para atraerlos a realizar una tarea. En el aula, es todavía más difícil encontrar lo del momento de muchos de tus estudiantes.

Al principio de cada año durante la planeación, envió a los padres a casa un inventario de reforzamientos. Usualmente cubre objetos favoritos en todas las categorías, comida, juguetes, programas de televisión, necesidades censoras, actividades y más. Hay muchos moldes de reforzamiento en línea. Los intereses del niño nunca son constantes, así que debemos escuchar e identificarlos cuidadosamente para aprender sus nuevos intereses y mantener la terapia y la continuidad del aprendizaje en movimiento.

Nosotros usamos la música. Todavía uso la música en las transiciones, el reforzamiento, para calmar, y para bailar. Con música celebramos y comunicamos. Con cualquier herramienta, encuentro mejor ampliar su interés tanto como sea posible. Como con música, variación del tono, el volumen, el ritmo, la velocidad y el ritmo de las canciones para mantener a los niños interesados. Me parece que esta filosofía funciona para todo: juguetes, comida, lugares, gente, tareas y actividades por nombrar algunos. Mientras más se exponen a todos sus intereses, así como a sus protestas, mayor es el beneficio. La simple naturaleza del autismo es de auto o aislar los intereses como el espacio y el lenguaje, así como todo lo demás en su mundo. Es autolimitante. Mientras más pequeña es la caja que se crean para ellos mismos, más seguros se sienten en ese momento.

 Nuestro trabajo como padres, terapeutas y maestros es de ampliar sus mundos en cada área para que el mundo sea más grande y al mismo tiempo seguro y que no aumente su ansiedad.

Ansiedad, es una palabra tan común en estos días, y todos parecen estar ansiosos. Para nuestros hijos don desordenes de comunicación y deficiencias en las regulaciones sensoriales, es importante controlar la ansiedad diariamente. El miedo a lo desconocido para algunos niños y la ansiedad que este puede producir limita a nuestros hijos de tratar nuevas tareas, comer nuevas comidas o incluso a no comer. Esto debe abordarse sistemáticamente. Comprender el comportamiento de nuestros hijos a través del juego, sus derrumbes o sus dudas para probar cosas nuevas lleva tiempo. Inclusive entrar a una habitación o tolerar un sonido llevará tiempo. Justo cuando pensé que entendía un área en la que había trabajado con Bri, otra se presentaría. Esto sucede en comportamiento constantemente. Puedes esperar que una vez tocada un área de deficiencia o un comportamiento, que ese comportamiento mejorará en vez de empeorar. Esa es la ciencia del comportamiento. Sabiendo y esperando que una conducta incremente puede también ayudarte identificando los siguientes pasos para tu niño. Con mi hija, me costaba más trabajo por su inocencia, era tan pequeña, y tan frustrada con su lenguaje. Así que esto se añadía a mi frustración y miedo. Yo cuestionaba todo lo que sabía acerca de las ciencias del comportamiento y todas las estrategias que había usado por años con otros niños los cuales eran mis estudiantes. Sabía que mientras trataba de hacer que esta pequeña terca nena dijera una palabra para etiquetar un objeto y ella se frustrara, yo tenía que ser más fuerte. Tenía que mantenerme en esa palabra y repetirla hasta que la recibiera de ella. Estaba dolorosamente consciente que sus gritos aumentarían antes de que consiguiera decir la palabra. Tuve que continuar y también tú debes hacerlo. Los hechos son difíciles a veces, y el trabajo es exhaustivo, pero cuando es tu hijo mirándote con esos grandes ojos y tú eres su interprete, su voz, y su padre, haces el trabajo. Es como estar mirando en el abismo de la obscuridad y saber que no tienes opciones más que nadar en ella y salvar a tu hijo.

"Debes hacer las cosas que crees que no puedes hacer."

—Eleanor Roosevelt

Capítulo 6

La Terapia

Los siguientes años fueron un ir y venir de terapia, cambios de horario, citas médicas, libros que leer y asistír a conferencias. Compras obsesivas de objetos para terapia, juguetes, Elmos, rompecabezas, y programas de computación sin parar. La siguiente década estuve dedicada en buscar lo inalcanzable, yo quería desbloquear el secreto del rompecabezas llamado autismo.

Brianna era tan preciosa. Ella era hermosa con su pelo negro ondulado y sus ojos color avellana con el destello del sol brillando en su interior. Ella no tenía ninguna agresión, hacia berrinches o tenía recaídas muy rara vez, y era perfecta ante mis ojos. Estoy segura de que mi crianza: mamá gallina" era obvia para todos, menos para mí. Mi temor principal en este entonces era que ella se quedara atorada en algún nivel de desarrollo y no progresara. Al mismo tiempo, era tan fácil de abrazar, besarla y decirle cuanto la amaba. Como si el amor fuera suficiente, pero no lo era, teníamos trabajo que hacer. El trabajo debe continuar cada mañana, cada intento de lenguaje, cada viaje en el carro, cada ocasión que de alguna manera pareciera diferente para ella.

Inicialmente, el marco de su terapia estaba centrada en el habla y la terapia ocupacional. Ambas terapias, independientemente y juntas creaban el camino hacia la independencia hacia el nivel siguiente. La llevaba a sus citas después de haber enseñado todo el día. Miraba el reloj, ponía a mis estudiantes de secundaria en el autobús, recogía mis pertenencias y luego recogía a mis hijas de la primaria y la preescolar, para luego me apurarme para llegar a su terapia.

En el estacionamiento, Bri protestaría y se abrazaría de mí apretándome muy fuerte mientras entrabamos al edificio. Mi otra bebé estaría exigente, hambrienta y lista para ir a casa. Ella no estaba lista para mirar a su hermana "jugar" mientras ella se quedaba sentada en el cuarto de observación con mami. Estos son los sacrificios que hacemos como padres de varios hijos cuando uno de ellos requiere más de nosotros de lo que planeamos. Todos contribuyen, todos sufren y todos se benefician—a veces es un círculo vicioso. Les prometía helado, una vuelta al parque, o lo que quisieran, pero primero teníamos que asistir a la terapia. Recuerdo estar mirando a la joven terapeuta trabajar con mi conejita, y Bri se negaba a participar en todo su potencial. Quería golpear en la ventana del cuarto de observación y decir, "Hazlo de esta manera, intenta esto." Primero, como profesional era muy difícil permitir a alguien más estar a cargo. Parecía tiempo perdido. Luego, como su madre, sabía cómo obtener lo mejor de Bri. Era un tiempo difícil de aceptación. Tuve que aprender a permitir que otra gente trabaje con Bri. Me tomó bastante tiempo apreciar el proceso. Entonces, comenzaron a sacar la magia interna. Bri sonreía al mirar la nueva casa de muñecas con esas pequeñas personas y sus muebles para bebé. El trabajo comenzó a evolucionar. Ella brincaba, a veces apuntando y otras balbuceando. La terapeuta pacientemente preguntó, "¿qué quieres? Yo me encogí mientras Bri con mucho trabajo trataba de demostrar algún tipo de lenguaje. Sentí dolor. Sentí como si el tiempo de espera fueran horas.

Y entonces comenzó: "¡Casa, casa, casa! Para cuando la casa estaba frente a ella, ya había repetido la palabra cinco veces. Detrás de la ventana, las lágrimas corrieron por mis mejillas. Elana mi hija la mediana que estaba sentada junto a mí me preguntó, "¿porque mami está llorando?" Yo le respondí, "Estoy feliz mi amor, mami está muy feliz."

Los pasos que involucran el principio son inciertos. Lo que puedo prometerle es que el trabajo vale la pena. La intervención temprana—mientras más pronto mejor, mientras más intensa mejor— ha demostrado ser efectiva una y otra vez. Lo he visto tantas veces con mis estudiantes que han cruzado el mismo sendero, y especialmente con mi propia hija. ¿Recuerdas el punto que hice anteriormente acerca del pueblo? Permanece constante en toda la jornada con tu hijo. Tus amigos, familia y tu equipo con quienes trabajas para crear el apoyo para ti y tus hijos es la base más importante que puedes proporcionarle a todos. No puedes hacer esto solo.

Yo traté. Traté de crear su vida terapéutica completa, así como su vida diaria. A veces me sentí exhausta y perdiendo la esperanza. Corriendo en una loca carrera de trabajo, casa, familia, terapia, hijos, deportes y eventos escolares, con un esposo que viajaba constantemente mientras las niñas estaba chicas dejándome con todo el trabajo. Mentalmente, ni siquiera podía pensar. Todo lo que podía hacer es preparar a las niñas, llevarlas a lugares, hacer mi trabajo, y repetir todo nuevamente. Mi familia no se encontraba en el mismo pueblo. Uno de los errores principales que cometí antes fue no confiar en nadie para ayudar o para siquiera cuidar a Bri por un rato. Mi temor al tener un bebé que no podía hablar cuando algo no estuviera bien o no se sintiera cómoda, creó una obsesión irrazonable en mí, de que no podía dejarla con nadie que no fuera mi familia.

Verdaderamente, todavía me cuesta esto debido a los cambios de personas en su vida. Encontrar apoyo constante es difícil. Mi familia solo está disponible a veces. Me di cuenta de que beneficia mucho al niño cuando tienen otros cuidadores además de los padres. El niño tiende a quedarse atrapado en la relación con algunas personas especiales y realmente no generaliza las relaciones con otros. Es bueno expandir, y en un entorno seguro permitir a ti y a tu hijo conocer a diferentes personas. Aprender nuevas tareas o conceptos no lo es todo en autismo, pero generalizar lo que aprendieron al panorama general, permite al niño desarrollarse y poder participar en el mundo de una manera más típica.

La terapia de habla y ocupacional de Bri continuaron, y entonces la batalla con las compañías de seguro de salud se convirtieron en un problema. Nueva a este lado de la mesa, rápidamente aprendí que tendría que pelear por las necesidades de terapia de mi hija. Tenía la mejor cobertura de Seguro de salud que un maestro pudiera tener, el plan cubría 9 sesiones con cada terapia o 18 sesiones en un ramo. ¿Cómo se suponía que pudiera decidir? Era ridículo. Ella tenía tres años, y apenas comenzaba a mostrar progreso. Así que hice lo que cualquier madre haría, pelee. Escribí apelaciones. Hablé con los gerentes de oficina y aprendí el sistema lo mejor que pude. No le gané al sistema, pero entendí contra qué me enfrentaba. Con las logísticas presentadas, navegué el sistema. Elegí co-tratar por defecto. Me uní a mis terapias ocupacionales y de habla, manteniendo mi hora de terapia, pero dividiendo mi tiempo de servicio. Bri tenía dos terapeutas trabajando con ella al mismo tiempo. Uniendo sus superpoderes, era un buen plan para mi hija.

El terapeuta ocupacional la colocó en un columpio de plataforma, una pequeña tabla plana que se balanceaba sobre un tapete cerca de un pie, y ella la columpiaba. Posicionó las pequeñas manos de Bria en la cuerda y le pidió que se quedara quieta. Esa no era una hazaña pequeña para mi bebé de acción.

Mientras Bri se columpiaba, la terapista del habla le mostró un letrero y verbalizó la palabra que quería "mas", y luego de pronto paró de columpiar. Bri se desconcertó, se quejó y mostró su descontento. El terapeuta del habla repitió el proceso. Letrero, palabra, letrero, luego empujaba el columpio y paraba de columpiar. Después de varios intentos y parar y mantener el columpio quieto, Bri finalmente puso sus pequeños largos dedos juntos para hacer el signo para más. No te diré que lloré. ¡Eso dalo por hecho!

A veces, es una jornada muy emocional y tediosa, pero los avances son milagrosos. Tengo la suerte suficiente para haber presenciado estos milagros continuamente desde que esta niña llegó a mi vida y tú lo harás también. Los siguientes avances vinieron con el tiempo, y fueron maravillosos también.

La obsesión de nuestros hijos puede resultar interesante. Nunca se sabe en qué momento la obsesión por Elmo se convertirá en un patito de plástico o unos zapatos de ballet. Siempre era algo con Bri, y se quedaba hasta que ella no jugara más a lo mismo. Todas las intervenciones del mundo que traté fueron nada, pero temporalmente vendas que ayudaron. Los zapatos de ballet no salían de sus pies sin que hubiera llanto, ella se aventaba al suelo y luego salía corriendo y se escondia en las esquinitas que encontraba para escapar. Jugué el juego. La persuadía para que saliera de su esquinita, se lo exigía, reforcé con aproximaciones de su comportamiento, lo cual quiere decir que si ella tocaba los zapatos de ballet yo ¡la elogiaría!

Entonces, lo impensable sucedió. Una nueva terapeuta ocupacional entró al cuarto y rápidamente le quitó los zapatos y me los entregó. Luego dijo a Brianna, "¡Los zapatos después, es tiempo de trabajar!" Tomó un poco de control de mi parte, quizá, pero también aprendí la lección. Lo más duro de estas lecciones es el dejar ir el poder y posición de padre. Puedo garantizar que nadie conoce a sus hijos mejor que uno, pero ese no es el problema. Cuando es tiempo de mantener los límites, a veces no somos las mejores personas para hacerlo. El poder está en tu equipo, y tu equipo cambiará a través de la jornada con tu hijo. Yo fui bendecida con gente formidable por todas partes que me enseñaron como padre y como profesional. Cada persona en el equipo puede tener diferente manera de hacerlo, pero eso es lo que hace que la terapia funcione. Tiene diferentes puntos de vista, conjunto de habilidades y estilos. Tu hijo se beneficia de estar expuesto a la gama completa de personalidades y expectativas. No tengas miedo de pedir ayuda, no tengas miedo de seguir tus corazonadas y seguir tus instintos cuando se trate de tu hijo. Ellos nos pertenecen y nosotros conocemos cada dedo y cada lágrima. Nosotros entendemos y vemos el comportamiento a veces, antes que nuestro hijo lo haga. Pero no quiere decir que lo tengamos que hacer solos.

Hay algunas cosas importantes que recordar cuando considere los horarios de terapia. En los tiempos en los que llevaba a Bri a todas sus terapias me sentía agobiada. Ella estaba participando en terapia del habla, ocupacional, hipo terapia, terapia acuática, y terapia de juego. Pronto aprendí que a veces menos, es más. A veces la intensidad de la terapia es necesaria, en ciertos casos. Tú necesitas evaluar tu propia situación con tus horarios, haciendo consideraciones por tu hijo, así como para otros miembros de tu familia y tus propios niveles de estrés. Hubo tiempos en que me retiré de la terapia porque miraba a Bri como una niña de tres o cuatro años agotada. Todo se volvió demasiado para nosotros, así que simplificamos nuestras sesiones. Descubrí que, si observaba su crecimiento general, especialmente con la comunicación, un programa disperso durante todo el año era más efectivo para ella. Tome precauciones para comprender que, con los niños con mayor participación médica o discapacidades físicas, la consistencia de la terapia puede superar en cierta medida la fatiga. Es un balance delicado que usted como padre tendrá que decidir por su familia. No existen reglas. Pero es esencial escuchar a su hijo y monitorear su nivel de estrés y de progreso. Los terapeutas progresarán con su hijo a diferentes ritmos. Todos los factores deben ser considerados, incluyendo su propia salud mental. El correr de un lugar a otros es necesario, pero no al costo de vivir sin un balance y tiempo para disfrutar de sus hijos, así como son. Habiendo dicho esto, tome notas durante la terapia, no solamente mire y deje a otros hacer el trabajo, especialmente si esto es algo nuevo para usted. La terapia es un juego en esta etapa. Jugar con la demanda de lenguaje y regulación sensorial. No es algo que no puedas aprender y practicar en casa. Es esencial que usted y otros miembros de la familia participen en la terapia en el hogar. Los detalles del día a día son importantes, y necesita extender las lecciones a todos los entornos.

Si a Bri le gustaba la casa de muñecas en terapia, yo usaba una casa de muñecas diferente en casa. Las grandes tiendas tienen buenas figuritas de mami y papi. La siguiente semana compraría figuritas de hermanas y hermanos, figuras de animales, muebles, carros e incluso piscinas para incluir en el juego. Cada juguete o interés es una oportunidad para obtener lenguaje, ambos, receptivo y expresivo. El juego es el trabajo, y el trabajo es el juego, y eso lo hace divertido. Bri solía enfilar a todos en la casa de muñecas. Mi trabajo era mezclarlos. La silla alta en el segundo piso, los muebles de la recámara en la cocina, y eso enfurecía a su pequeño yo. El secreto estaba en su furia. Ella quería poner las cosas de regreso en su lugar y esa era mi oportunidad para etiquetar o nombrar los muebles. "¿Oh, tú quieres la cama?" le preguntaba, y entonces le pedía que dijera "cama", luego tocaba la cama, la misma vieja rutina para obtener esas primeras palabras. Luego usaba más lengua como modelo, "la cama va en el segundo piso, o la bebé quiere dormir" lo describía por ella, "La silla alta va en la cocina" y cualquier otra sugerencia verbal que pudiera pensar se la decía a mi impaciente nena. El entorno natural de aprendizaje les permite escuchar a la etiqueta y el tono de tu voz. Ellos recuerdan, incluso si no lo expresan de inmediato. Se paciente. Lo mismo aplica para otros juegos. Existe un tipo de terapia llamado terapia floor time "tiempo de piso" Durante la terapia tiempo de piso, el padre se encuentra con el niño en el nivel de interés de su elección. Con Bri hice eso, pero fui un paso más allá al interrumpir su juego obsesivo. Ciertamente, comencé jugando con lo que ella quería y como ella quería para crear credibilidad. Ella quería los juguetes o poner los osos en círculo contándolos, y me incluí al juego con ella. Una vez establecido que nos estábamos divirtiendo, hice pequeñas redirecciones en nuestro juego. En general, cada oportunidad que tengas para interferir en su juego obsesivo, hazlo. Ahora, habrá tiempos cuando debes dejarlos explorar los juguetes, aunque no los estén usando de manera funcional. El interés es la clave. Mientras más juegue o explore, más oportunidades tendrás para usar el juego e incitar el lenguaje.

Cuando Bri alineó su tren ABC de plaza sésamo de cuatro carros, mostró su causa y efecto con sonidos de silbido. (haría sonidos de tren una vez que todas las piezas estuvieran juntas). Ese fue un juego funcional. Fue educativo y calmante al mismo tiempo para ella. A veces, yo interfería y ponía el tren en orden C-A-B solo para forzar sus límites. Creé la oportunidad para desarrollar nuevas frases como "mi turno" y permitirle a ella poner las cosas nuevamente en orden. Podría arruinarlo, por así decirlo, para ayudarla a tolerar lo imprevisto. Le ayudé a desarrollar flexibilidad e interacciones sociales.

"No necesitas planear siempre. A veces solo necesitas respirar, creer, dejar ir, y ver qué pasa"
—Mandy Hale

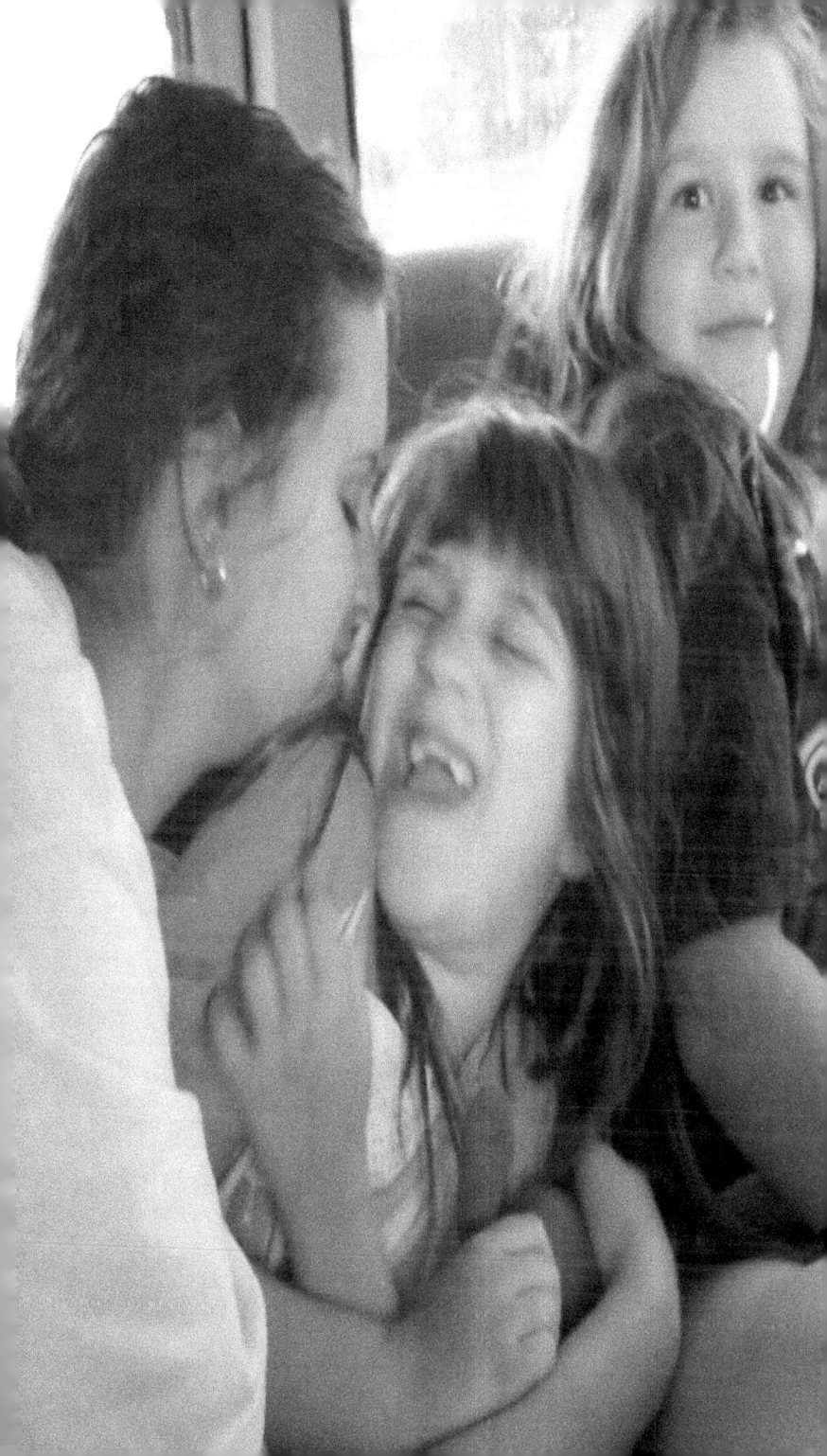

## Capítulo 7

## Hacer Todo

Puede ser frustrante escuchar que cada conducta debe enseñarse. Puede parecer que los comportamientos de aprendizaje deberían ocurrir naturalmente. Bueno, he estado criando a tres niñas con personalidades tan diferentes que, con o sin necesidades especiales, el ritmo es único. El catalizador para nuestros niños especiales es la introducción constante al mundo que los rodea. Los colores, los sonidos y la tolerancia a los sonidos y el color pueden ser muy abrumadores.

A nuestros hijos, el mundo presenta toda su gloria en un solo momento. Toda la estimulación a la vez, sin la habilidad de filtrar entre los sonidos y los colores. Los comportamientos son solo una forma de protestar por el bombardeo de un mundo ruidoso y colorido. Decirle a un niño que se siente en silencio mientras tiene una tela tocándole y que para él se siente como un cuchillo, es una tortura. Prestar atención cuando el zumbido de las bombillas fluorescentes suena como helicópteros del ejército a su alrededor es nada menos que cruel. No podríamos hacerlo sin los típicos filtros que poseemos para diferenciar entre un ruido de fondo y otros sonidos.

Si un niño con alta sensibilidad al sonido demuestra dolor o miedo al sonido, entonces protéjalo con audífonos para niños sensibles o incluso con audífonos con cancelación del sonido, especialmente para niños mayores. Algunos de nuestros niños son más sensibles, aunque mi regla usual en el salón de clase es que vivimos en un mundo ruidoso, aunque existen algunas excepciones. A algunos de nuestros niños se les puede enseñar a desconectar algunos de los estímulos adicionales. Sin embargo, siempre hay considéraciones especiales para cada niño.

Este mundo no está formado de preguntas y respuestas establecidas, en vez de eso trata de observar, practicar lo difícil y reforzar los comportamientos apropiados. En otras palabras, debemos intentar llegar a las cabezas de nuestros hijos en el espectro y alcanzarlos ahí donde ellos están. Inténtalo todo, fíjate que trabaja y amplía en eso. Un ejemplo que te doy es ir al cine. Cuando Bri tenía como tres años, Elana tenía cinco, y Amanda catorce, era toda una tarea entretener a mis tres hijas a la vez. El cine parecía una buena posibilidad. Bri podía estar toda la película, disfrutar las palomitas de maíz, y casi como si fuera relojito empezaría a gritar ya sea en la mejor parte o 10 minutes antes del final. Me perdí el final de muchas películas. No quería abandonar este pasatiempo favorito con mis otras hijas, así que comencé a practicar con películas de verano para niños. Solamente llevaba a Bri cuando era posible. Lo programé justo para que cuando ella comenzara a agitarse, nos fuéramos antes del berrinche. Habíamos terminado y podíamos salir del cine con cierta dignidad. A veces, solo la llevaba los últimos 15 minutos de la película para aclimatarla a quedarse hasta el final. Entonces, saldríamos con todos. Por supuesto, fuimos a muchas películas de un dólar para poder usar el cine como práctica de comportamiento. Durante el verano fuimos todos los días. Avancé muchos años, hasta donde Bri tenía como 10 años. Ella realmente se sentó por toda una película de Harry Potter de tres horas con sus dos hermanas. El trabajo temprano dio frutos. Ahora Bri y yo vamos a todo tipo de eventos, ya sea películas o conciertos, y ambas lo disfrutamos.

Nuestros niños con espectro son como esponjas. La intervención temprana es la mejor, aunque, cualquier tiempo es tiempo para prender nuevas cosas y científicamente iluminar esas neuronas en el cerebro. La Neuro plasticidad es un término usado para describir la habilidad del cerebro de cambiar durante la vida de una persona. Todos nosotros, incluyendo a nuestros niños, tenemos la habilidad de alterar nuestro cerebro a través de nuevas experiencias y conocimientos. Es más fácil con la mayoría de nuestros niños si les enseñamos las cosas correctamente la primera vez y no témenos que reentrenar el cerebro como en el caso del comportamiento. Los viejos hábitos pueden cambiarse, pero a menudo ya se han convertido en hábito y entonces se tienen que modificar. Cuando enseñamos a nuestros niños la manera correcta de comportarse, sentarse, o quedarse quietos en ciertos entornos, les estamos dando una ventaja en el futuro. Comenzamos en donde necesitamos comenzar.

Una de las cosas principales que lamento, es que es ahora que sé mucho más acerca de criar niños en el espectro, acerca de niños en general, y acerca de comportamiento. He aprendido al criar a mi hija, además de las toneladas de experiencia en el campo con mi Carrera. Mirar hacia atrás no cambiará las cosas que desearía poder cambiar, pero puedo compartir contigo lo que he aprendido. Me refiero a la terapia en casa, o el trabajo, o el juego. Significa lo mismo para ti y para tu hijo. Con cada oportunidad, el aprendizaje toma lugar y se hacen los patrones. Nuestros hijos prosperan en la estructura y los patrones. Hacer lo mismo les da la estabilidad que ellos necesitan para obtener la información, procesarla, y generalizarla para su beneficio. Con Bri, no sé si dije las mismas palabras, pero desde que ella estaba en su cuna yo hubiera entrado a su cuarto diciendo, "Buenos días rayito de sol", o algo parecido con los buenos días. No me di cuenta en ese momento, pero ahora lo hago, eso hubiera sido una introducción a los saludos para ella.

Toda la lengua se puede hacer en pasos pequeños para nuestros niños. Comienza con lenguaje receptivo, y luego sigue el lenguaje expresivo. La meta es exponer a nuestros niños a un lenguaje consistente. Esto aplica para todas las lenguas, incluyendo aquellas usadas por familias bilingües.

El uso de visuales o fotos es también importante en una o múltiples lenguas. El truco esta en usar el apoyo de los visuales para ayudar el proceso de comprensión de la palabra que le está diciendo.

Incluso durante la terapia, hice que Bri trabajara para tocar de forma receptiva el objeto solicitado, la pelota o Elmo, seguido por decirle la palabra. Menciono esto muy a menudo porque debe convertirse en la manera que le hablas a tu hijo. Asegúrese de verificar el entendimiento del lenguaje receptivo, preferiblemente haciendo que el niño distinga inicialmente entre dos opciones. No importa si retrocede un paso de ser necesario y solamente le presenta el objeto y la etiqueta. Sostenga la pelota, diga "toca la pelota". Si no obtiene respuesta, físicamente ayude a su niño a tocar la pelota. Esto puede parecer tedioso al principio, pero desarrollará el patrón de enfocarse en el objeto y la expectativa de una respuesta verbal.

La exposición a todo es importante, aunque habrá experiencias que parezcan abrumadoras para su hijo. Algunos eventos pueden generar crisis o ansiedad. Durante estos tiempos, tome nota mental y divida el evento en incrementos pequeños. Por ejemplo, si asististe a un evento con un jovencito con autismo y miras que su estrés está creciendo, tu primer impulso sería salir de ahí. Esa es una opción. Puedes hacer eso, pero presta atención de dónde miraste el cambio de comportamiento inicial. Trata una vez más, quizá 10 minutos más tarde, y fíjate si puede tolerar lapsos de tiempo más prolongados.

Tengo tres hermosas hijas. Celebré dos fiestas de primer cumpleaños antes que el de Bri. Con su cumpleaños tenía visiones de ella comiendo su primer pastel embarrada en su cara o metiendo la mano en el pastel, un momento hermoso que seguramente grabaría en video. Con Bri, una vela de Elmo, y pastel en mis manos, se lo traje a la silla alta. Ella se asustó muchísimo. Me revolví tratando de traducir su frenesí. ¿era la cantada?, ¿las velas? ¿pudiera ser que ella sintió la energía y la emoción en el aire con la familia? No pude discernir cuál de estas variables estaba arruinando mi fantasía de este día perfecto. No podía estar segura, pero no fue como esperaba.

Le quité el pastel y di a Bri un poquito del merengue de mi dedo y dejé que su boquita rodeara el placer azucarado. Procedí a quitar los adornos del pastel, el Elmo y la pelota, y se los di a mi gritona nena para calmarla. Mi teoría sobre este evento fue que, todo fue demasiado para esta beba censora sensitiva. No tenía historial previo o experiencia con toda la procesión del cumpleaños. De repente, ella tiene sonidos extra, familia y luces alrededor de ella. Tuve que pensar rápidamente y dividir las festividades en pasos manejables para que ella las procesara. El merengue del pastel estaba bonito. Elmo estaba bonito. Todo al mismo tiempo mientras ella estaba amarada en su silla alta, quizá fue demasiado. La tragedia se desvió temporalmente, pero esto fue antes de su diagnóstico, así que la interpretación sobre ese día fue como un estiramiento para mí.

Hoy, la investigación demuestra que las implicaciones del autismo se pueden ver antes del primer cumpleaños. Ahora, lo veo muy claro. Existen también teorías de que los niños que se portan muy bien, o que instantáneamente son calmados, pudieran estar dando señales de autismo. Hubiera pensado en ese tiempo que era debido a mi experiencia como mamá por tercera vez. Ella se calmaba tan rápidamente. Dormía bien, amamantaba bien, y en general era una buena bebé.

Desafortunadamente, es más fácil mirar las cosas después cuando ya sucedieron. Después de su diagnóstico, comencé a tratar de mostrarle el mundo. La primera vez que la llevé a una función de títeres, elle se portó como una niña de tres años nerviosa y bulliciosa con toneladas de energía. Pensé que ella se entretendría con Pinocho al igual que sus hermanas lo hicieron.

El primer intento, sin embargo, fue un claro desastre. No sé si fue la obscuridad del teatro o la falta de botanitas permitidas, pero no fue bien recibido por mi hija. Ella no quería nada que ver con el lugar o con el espectáculo de los títeres. Fue triste para mí porque era como abandonar una tradición familiar que disfrutaban mis otras hijas. Determinada a tratar nuevamente, tuve la esperanza de un mejor resultado. Compré la membresía del verano y constantemente fui para checar si había mejor tolerancia en esa ocasión. En una visita, descubrí que a Bri le encantaba la tienda de regalos. Así que, en nuestra siguiente visita, solamente fuimos a la tienda de regalos, y por supuesto, compre un objeto de su elección. La siguiente vez que fuimos, la hice participar en un paseo por la sala de exhibición de títeres, y luego visité la tienda de regalos.

Estoy segura de que ya tienes la idea. Ella era mucho más joven de lo que es ahorita, pero todas esas visitas nos ofrecieron una oportunidad de enseñarle acerca del espectáculo de los títeres. Lo mismo se practicó para conciertos, películas, y restaurantes. Tomó años de práctica. Compartimos suficientes oportunidades, algunas exitosas y otras un desastre, pero todas fueron momentos de enseñanza tanto para Bri como para mí. También tomé fotografías de todos estos eventos. No era tan práctico como ahora es con los celulares, pero mantenía la cámara conmigo todo el tiempo. La cámara ayudo a preservar nuestros recuerdos, además de brindar valiosos visuales para informarle acerca del próximo evento al que asistiríamos. También tomé fotografías de sus emociones en esos eventos, lo cual me permitió hablarle acerca de cómo se sentía en el espectáculo de los títeres o dondequiera que estuviéramos.

No pintes la imagen tan perfecta. Es bueno y útil mostrarles a nuestros hijos sus emociones, incluyendo las negativas. Es la manera en que ellos pueden comunicarse con nosotros en cuanto a sus sentimientos. También provee una oportunidad para ellos predecir cómo se sentirían la próxima vez que salgan a un paseo. Las mejores prácticas y 18 años de criar a una niña en el espectro me han enseñado a intentar todo por lo menos cinco veces. Si bien esa afirmación puede hacer que se asuste al pensar en una experiencia que tuvo con su hijo y que no quiere repetir, confíe en mí, vale la pena. Con mi hija, lo intenté todo. Algunas cosas eran terapéuticas y divertidas, y otras solo intentos de participación en la vida que resultaron humillantes. Tuve que lidiar con miradas incómodas hacia mi hija comportándose años más joven de lo que era en los espacios más tranquilos, pero lo resolví. A veces, aproveché esas oportunidades para crear conciencia sobre el autismo a extraños. Otras veces, solo me retiraba y trataba de recobrar el aliento antes de la próxima excursión. Llevé a Bri a las películas, al supermercado, y a la iglesia. La inscribí a gimnasia con compañeros típicos. La inscribí con sus hermanas para participar en el equipo de natación de la comunidad. La llevé a vacaciones familiares. Viví mi vida con una hermosa niña con autismo y con sus hermanas. No siempre fue fácil, pero siempre fue una oportunidad de aprendizaje. Intenta todo. ¡Vive tu vida!

> "No dejaremos de explorar
> Y el fin de nuestra exploración
> Será para llegar donde empezamos
> Y conocer el lugar por primera vez".
> —T. S. Eliot, *Four Quartets*

Capítulo 8

La Lucha

En algún punto, la energía del miedo necesita ser transformada en un paso progresivo hacia adelante para ambos, usted y su niño. Puedes mantenerte molesto y con miedo. Puedes culpar a todos, incluyendo a Dios. Puedes mantenerte paralizado entre tus limitaciones, o puedes luchar. Yo luché, todavía lucho.

Lucho cada día por ella. Lucho por la concientización sobre el autismo. Lucho por mejores recursos. Lucho por investigación médica y terapias con fluidos. Lucho por mi sanidad. Lucho por mi familia. Lucho por el balance en mi vida. Con todo eso dicho, no es una tarea fácil.

Así es como me siento como padre. Cómo maestra, mi fiereza no era menor, pero no era tan valiosa como lo era con mi propia hija hasta que fui parte de ambas posiciones. Entonces entendí la urgencia de luchar por todo lo referente a nuestros hijos, en todo momento.

Recuerdo un incidente durante un paseo, o técnicamente un paseo comunitario instructivo con mi clase de estudiantes de secundaria. Surgieron circunstancias en las que terminé restringiendo a un niño grandote durante un paseo por el centro comercial. Los mirones del público me miraron interactuar con este estudiante, sin tener idea de lo que estaba haciendo. Me pregunto si tendría puesto mi gafete de identificación para documentar mi profesión. Me preguntaba si alguno de los preocupados ciudadanos llamaría a la policía en cualquier momento.

Sentía una gran mortificación por el estudiante y no por mí misma. Sabía lo que hacía. Sabía que era una recaída por no poder comprar algo que quería de su tienda de música favorita. Él trabajó en ello con mis indicaciones y se recuperó muy bien, permitiéndonos continuar. Las miradas en los rostros de los extraños eran desconcertantes, aunque mis acciones eran parte de mi profesión y los niños mis estudiantes. Comencé a explicar sobre el autismo a todos los que al alcance de mi voz pudieran escuchar. Calmadamente expliqué que este no era un comportamiento, sino más bien una recaída. Les dije que este era un buen niño, y aunque era más alto que yo, él nunca me lastimaría intencionalmente y que se calmaría en un momento. Quizás en ese momento él se miraba agresivo, pero yo sabía que tenía miedo, exasperado por la frustración y otras emociones, y completamente incapaz de expresarlas. Mi explicación quizás ayudó, pero también fue irritante que la mayoría del público no entendiera a nuestros niños. Hemos avanzado mucho en la concientización debido a las organizaciones como Autismo Habla y La Sociedad Autista (The Autism Society), así como otras maravillosas fundaciones. Sin embargo, todavía hay mucho trabajo por hacer.

A veces, llevo conmigo tarjetas de negocio las cuales tienen una pequeña explicación sobre las conductas que algunos estudiantes en el espectro pudieran exhibir. Si la ocasión lo amerita, las distribuyo. En todas estas experiencias profesionales, me he dado mucha cuenta que a nuestros niños no les gustan estas recaídas más que a nosotros. Es una experiencia aterradora y fuera de control para ellos.

Muchos de los niños con autismo que se han cruzado por mi camino en mi salón de clase han mostrado agresión. Ellos golpean, patean, gritan, escupen y nos pellizcan por horas si se les permite.

Luego, lágrimas lentas y silenciosas comienzan a salir, e inclusive otro estudiante dirá "Lo siento, Srta. Lynn, no morder", de manera tan sentida. Rompe el corazón tan solo pensar en un niño, con sus sistemas neurológicos tan fuera de control que no es capaz de expresar su frustración de ninguna otra forma más que usando su cuerpo. Estos niños no desean hacerlo, lo odian, inclusive saben que no es la manera correcta de hacerlo, pero no lo pueden evitar. Puede ser una espiral de los déficits de comunicación Vs. Confusión física y mental. Esta combinación crea la tormenta perfecta para nuestros niños. Una recaída puede ser muy intimidante para ambos, el estudiante y el maestro, y partir el corazón del padre y niño, o inclusive para el público en general que estuviera expuesto a esto. Sin embargo, podemos intentar educar a la población un paso a la vez a través de varias rutas. El punto principal es que una recaida, o cualquier demostración de conducta que sea preocupante para ti o el niño, debe ser respetada. Puede ser analizada y hacer el proceso de la forma más cómoda posible. Por ejemplo, permita al niño tener espacio si lo necesita y si la fuga no es una preocupación. No trate de hablar a un niño mientras esta en medio de una recaída a menos que se encuentre físicamente calmado y listo. Ellos no escucharán sus palabras.

Piénselo de esta forma, para cualquier persona que se encuentre cansada o frustrada, o sin tolerancia a los ruidos fuertes o alérgenos, o simplemente de mal humor, cuando se le pide hacer lo mejor posible, siempre quedará corta. Todos nosotros tenemos debilidades de vez en cuando, pero nuestros niños en el espectro enfrentan esto todos los días. Cada momento sin la habilidad de filtrar el bombardeo extrasensorial de visuales, auditorio, o invasiones táctiles va más allá de lo difícil. Recuerdo estar escuchando una conferencia de Temple Grandin. Ella es profesora de ciencias animales en la Universidad del Estado de Colorado y también está en el espectro. Ella mencionó, que pedirle a un niño con autismo que te diga su nombre es equivalente a pedirle lo equivalente a una persona neurotípica, pero tener primero que completar una ecuación de cálculo y luego recordar su nombre.

El trabajo en recuperación del lenguaje tan simple como pedir que digan sus nombres puede llegar a ser insoportable a veces. A veces, puede ser de memoria y listo. La recuperación por demanda de información básica puede parecer sencilla, pero no lo es. Considere la cantidad de filtros que nuestros niños necesitan atravesar al descartar los sonidos adicionales, el tacto y los estímulos visuales, y luego producir lenguaje. Es trabajo exhaustivo por el que ellos tienen que atravesar a diario. No es sorprendente que a veces, ellos presenten la necesidad de desconectarse por intervalos, solamente para recuperar fuerzas. En casa y salones de clase, debe existir espacio, o varios espacios, que permitan a sus hijos buscar refugio de las sobrecargas sensoriales. A medida que aprenda las necesidades sensoriales de sus hijos, descubrirá en donde buscan refugio la mayoría de las veces. Puede ser un lugar para calmarse y quedarse quieto en un área cubierta, solo para recuperarse. Puede ser un colchoncito para descansar o una cama. Puede ser una silla en la que puedan hundir su cuerpecito con toda su fuerza. La razón para esto es que ellos necesitan sentir sus propios cuerpos subestimados en movimiento y espacio.

Con Bri, pasamos por varias bases de camas caras, todas de madera. Camas que sobrevivían a mis dos otras hijas muy bien y luego venia esta pequeña y energizada conejita que quiebra, brinca, y rompe los tablones de madera de dos pulgadas en la cama hasta que ya no sirvan. Lo mismo podríamos decir de varios muebles durante sus años de niña. Pasé horas y horas en los parques con mis tres hijas. Entre los columpios y los aparatos para subirse, trataba de mantener su energía enfocada. En ese tiempo, no me daba cuenta de sus necesidades sensoriales completas. El columpio ofrecía el aporte propioceptivo que su cuerpo demandaba. En el entorno natural, el parque puede ser un gran lugar para ayudar a sus hijos a regular sus necesidades sensoriales entre terapia y terapia. Dependiendo en la naturaleza de las necesidades de sus hijos, puede ser de ayuda el organizar sus juegos. Por ejemplo, intenta la resbaladilla, luego el trepador y después el columpio, y luego repites sistemáticamente para organizar sus cuerpos. Todo esto puede ser determinado en un plan dietético sensorial más específico por su terapeuta ocupacional.

Para asistencia de terapia en casa, existen muchos recursos para equipo sensorial que se puede usar en casa especialmente a edades tempranas. Yo siempre mantuve un trampolín miniatura en la sala junto con una gran pelota de yoga. Traté de imitar las sesiones de terapia que tenía con nuestro terapeuta ocupacional. Puedes ser creativo con un columpio tradicional programado para columpiar en diferentes estilos de base sensorial. Con Bri, yo usé un columpio plano llamado columpio plataforma cuando era más joven. Ella cambiaba los ritmos de columpiar por puro placer, de un columpiado típico a otro llamado bucket y luego al plataforma. Le ayudaba a organizar su cuerpo y hacer su espíritu feliz. Existen llantas columpio, columpios parados y muchos otros accesorios que te ayudarán a construir tu propio patio terapéutico. Cuando creció, le compré un trampolín de tamaño regular para fuera de la casa. Ahora desearía habérselo comprado para su entera niñez. Le ha proveído muchas horas de diversión sensorial y regulación para ella.

La terapeuta ocupacional resultó ser un cambio de velocidad para Bri. En ese mundo, yo estaba educada en todas las funciones del cuerpo y cómo este equipo les puede ayudar. Pensé, también, que la terapista del habla jugaría un papel más grande en el desorden de comunicación. Ambas fueron, de cualquier manera, inmensamente esenciales para nuestro equipo. La terapeuta ocupacional para Bri, pudo mostrarme sus problemas con el miedo gravitacional. Nunca hubiera podido cambiarle los pañales en una mesa tradicional para esto. Ella se encogía en completo pánico inclusive cuando era solo una bebita. Obviamente, no yo no tenía idea por qué en esos días, pero como su madre que era, sabía que lo odiaba. Por eso, la cambiaba en el piso o en la cama en donde me sentaba junto a ella. Esto fue puro instinto de madre, porque seguramente yo no esperaba que la más joven de mis hijas tuviera autismo.

Al principio, en el columpio plataforma con la terapeuta ocupacional, Bri demostraba un tremendo miedo, lo cual me sorprendió porque a ella le encantaba columpiarse. En todos los sentidos, sus cuerpos les traicionan en el balance, ansiedad, control, inclusive puede ser sorpresivo para ellos mismos y también para nosotros los que les cuidamos. Cada una de estas deficiencias sensoriales puede ser mejorada con la ayuda de un buen terapista ocupacional el cual también beneficia en lenguaje. Cuando el cuerpo de Bri estuvo más regulado en sus necesidades sensoriales, el lenguaje llegó más fácilmente. Todo trabaja junto, y es otra de las razones por la que es importante que exista comunicación entre los miembros del equipo. Necesitas que el equipo completo atienda a tu hijo, porque cada uno identificará un área específica de necesidad.

Es mucho más cohesivo tener un equipo formado. Pierdes menos tiempo, y todos se benefician de la opinión y áreas de especialización de cada uno. Todavía me sorprendo cuando estoy en mi salón de clase trabajando con una tarea difícil para un niño, y uno de los terapeutas llega con una técnica diferente y el niño la domina. Cada uno trae su personalidad y habilidades a la mesa, son todas diferentes, y el niño se beneficia.

"El amor no conoce barreras. Salta obstáculos, barreras, vallas, y penetra paredes para llegar a su destino lleno de esperanza."

—Maya Angelou

Capítulo 9

Los Signos Sensoriales

El mundo del autismo crece diariamente. Por alguna razón, puede ser algo bueno. La concientización, investigación y los recursos se han expandido. Las oportunidades para que nuestros hijos tengan cabida en este mundo están creciendo. Recuerdo estar sentada en una de las primeras juntas del Plan Individual de Educación de Brianna sintiéndome muy aprensiva pero confiada al mismo tiempo porque como maestra he facilitado cientos de estas juntas. Yo he pedido muchas oportunidades a las escuelas públicas. Ahora, soy maestro de una escuela pública. Creo en las escuelas públicas con todo el corazón. Mis hijas asisten a escuelas públicas.

Desafortunadamente, el Plan Individual de Educación puede ser un lugar de contradicciones.

Se toman decisiones en un modelo escolar relevante no en un modelo médico o terapéutico. Las limitaciones pueden ser puestas en las familias. Si hay problemas importantes para su hijo, usted debe abogar por ellos. Las decisiones que se hacen debido a preocupaciones presupuestarias, reducciones de personal, o espacio en las aulas no son aceptables y no se deben tolerar, en esos casos aa presión a menudo es necesaria. Tener una verdadera evaluación de su hijo es vital para saber qué servicios su hijo necesitará. Se llama Plan Individual de Educación por una razón. No debe ser una receta de galletas para sus hijos. Usted debe abogar por sus hijos. No elija una batalla solo por hacer algo y ganar pero que realmente no afectara el desarrollo educativo de sus hijos. Conoce a tus hijos, y ten los hechos listos para presentarlos a el equipo que mejor represente las fortalezas y debilidades de su hijo. Trata de ser un jugador en el equipo, y ojalá, tengas un equipo que quiera hacer lo mismo. Tú eres el primer maestro y terapeuta de tu hijo, y tu mejor que nadie sabe lo que tu hijo puede o no hacer. Trae notas a tus juntas de evaluaciones privadas o de sus terapistas y documentación en la forma de videos que representen el comportamiento y habilidades usuales de tu hijo.

Un Puente entre casa y escuela es esencial para proveer los mejores resultados para todas las personas involucradas. A menudo las evaluaciones de intervención temprana no son siempre una verdadera evaluación de las habilidades de tu hijo. Estas evaluaciones pueden proveer una buena base para la presentación de conductas. En otras palabras, un terapeuta viniendo a trabajar con un niño por unas cuantas horas o menos, obviamente no observará todo lo que tu hijo puede hacer. Los bebés o niños pequeños por naturaleza no actúan para extraños.

Los niños usualmente no actúan todos sus trucos en un entorno restrictivo. Dichas evaluaciones pueden proveer un comienzo para mirar alguna señal de alerta en el desarrollo. Ellas son una oportunidad para medir los hitos básicos del desarrollo y obtener un buen historial familiar. Como padre, tú eres la voz de tu hijo, especialmente durante una evaluación. Puede ser tentador en estas situaciones inflar o desinflar las habilidades de tu hijo, pero no es necesario. Las áreas donde tu hijo está en desarrollo mental se presentarán en su mayor parte.

Un evaluador entrenado reconocerá las señales de enfoque, tolerancia, e interés que el niño esté exhibiendo con sus materiales de examen.

Además, tu opinión como padre es invaluable. No tengas pena o miedo de hablar. Si el evaluador no mira un desempeño o función, pero tú sabes que tu hijo puede hacerlo, por ejemplo, con un rompecabezas o con los bloques de ensamblar, entonces usted deles la información, dígales que su hijo si puede hacerlo.

Usted y el evaluador están tratando de crear una fotografía juntos para ver en donde su hijo se puede beneficiar con apoyo. Si usted tiene otros hijos, como yo antes, las diferencias de su hijo con necesidades especiales resaltarán o serán muy obvias para usted. A veces si tu primer o único hijo tiene retrasos en su desarrollo, pudiera ser que no lo reconozcas enseguida, cuando no tienes otros niños con quien comparar. En mi caso, cuando Bri estaba tan atrasada en lenguaje, después de todas mis justificaciones me di cuenta de que había un retraso.

No sobresalió como si fuera un faro, era muy sutil. Era melindrosa con la comida, por mucho tiempo sus reflejos eran más como un sobresalto. Ella tenía deficiencias de regulación sensorial.

Cuando Bri tenía dos años, fuimos a la playa en unas vacaciones familiares. Su placer al ver el agua y las olas rompiéndose en sus pequeños pies era algo digno de mirar. Las risitas y el cazar olas eran el comportamiento más típico y dulce de una pequeñita al mirar el océano por primera vez. Ella se miraba igual que mis otras dos hijas durante su primera visita a la playa. La diferencia apareció cuando ella comenzó a correr de arriba a abajo por la playa sin parar. Corría y se carcajeaba, luego corría y se carcajeaba hasta que lloraba, hasta que yo la alcancé. Estaba tan preocupada por sus lágrimas. Abracé a mi bebé, solamente para verla caer dormida inmediatamente en mis brazos. Estaba un poco confundida y preocupada debido al hecho de que ella nunca tomaba siestas. Ella nunca se dormía inmediatamente así bajo circunstancias usuales. Sin saber que había pasado, la dejé dormir. La puse en su carrito de bebé sobre una sábana y la protegí con una sombrilla con los colores del arcoíris. Pensé que todo el comportamiento era extraño. Mas tarde, entendería que ella tenía deficiencia de regulación sensorial. Su cuerpo había estado fuera de control mientras corría, y ella no podía parar por ella misma. Era como si su cuerpo estuviera en una báscula de cero a diez sin cincos en medio. Ella simplemente no podía ir más despacio o parar. No, hasta que las lágrimas se le salieron para dejarme saber cómo su madre que algo no estaba bien. La inmediata desconexión a través del sueño era su cuerpo diciendo ¡es suficiente! A través de este evento entendí que necesitaba intervenir para ayudarla a regular su cuerpecito porque ella no era capaz de hacerlo por sí misma. Su sistema estaba apagado. El balance entre despacio o rápido, calmada, emocionada, y todo alrededor estaba en descontrol y debía ser socavado. Significaba la localización de pequeñas tiendas de campaña, túneles, sillas cómodas, sillones, trampolines, columpios, mantas y chalecos pesados—todo sensorialmente equipado para que pudiera ayudarle a regularse, significó una búsqueda imparable de mejores parques para que ella pudiera jugar. Por mejores, quiero decir, con bardas, para poder mantenerla segura y contenida cuando ella quisiera huir.

A veces, la llevaba a un campo de futbol y la dejaba correr como el viento. Ella era pequeña, pero era fiera para su edad. Su necesidad de correr libremente sin limitaciones era muy necesaria para ella, pero exhaustiva para mí. Les pedía a sus hermanas que corrieran con ella. Ellas se cansaban antes que la "bebé." En ese entonces, sentía que ella crecería para ser una atleta asombrosa. Mi padre fue una Estrella del atletismo en la Universidad de Miami. Cuando el falleció, todavía formaba parte del pasillo de la fama en la Universidad de Miami. Me burlé de mí misma al pensar que mi hija había heredado las destrezas atléticas de mi padre. El lado serio de la regulación sensorial para nuestros niños es que sus cuerpecitos les son extraños mientras se encuentran en ese estado. No es cómodo querer correr sin parar. Ni tampoco no tener la energía para levantarse de la cama. Me imagino que ha de ser como cuando mi café expreso me sale ¡super fuerte! Trabajé muy fuerte para conocer su cuerpo. Metódicamente estructure el tiempo de irse a la cama para asegurar que ella durmiera bien, hiciera ejercicio de forma balanceada y su estado de pánico en general fuera calmado.

Cada niño es diferente. Cuando crecen la regulación sensorial cambia. La música puede ser de mucha ayuda para regular, porque puede ser controlada. En mi salón de clase y con mis propias hijas, incluí la música en nuestra vida diaria. Les pongo dos canciones con música divertida, fuerte y rápida. Luego cambio a una música más lenta. Les modelo movimientos lentos con los brazos para calmar sus cuerpos. Inclusive, hay muy buena música con base sensorial que se adapta a este tipo específico de enfoque terapéutico. Tiene palabras para ayudar al niño a entender a ir más rápido o más despacio durante la canción. Hay también canciones que son específicas para enseñar habilidades necesarias como son seguir instrucciones, o esperar en una línea. Con la música, los niños recuerdan mejor y entienden mejor los conceptos cuando se les presentan musicalmente. Cuando se combina con indicaciones visuales—imágenes para representar el vocabulario de la canción—el niño es capaz de aprender a un ritmo más rápido. Durante mi enseñanza diaria, si hay una tarea, hay una canción que va con ella. Esto era, y todavía es, definitivamente verdad con mi propia hija. La música es mágica para todos los niños. Su poder terapéutico es incalculable. De todas las herramientas y estrategias que aprendemos para terapia ocupacional y terapia del habla, la música, y arte son herramientas que usamos también. Usted desarrollará un programa personal para su niño que ayudará de muchas maneras y ayudará a su hijo a sentirse más en balance y en control. Siempre debe estar pendiente de señales de agotamiento antes que estas comiencen. Cuando comiences a ver la ansiedad crecer o te des cuenta de que no están cómodos, debes tratar alguna de tus estrategias. Las mejores prácticas para una dieta sensorial son usarlas de manera proactiva, como si fuera un antibiótico en un régimen de horario. Ten un plan para actividades de energía alta – y baja -durante el día. Es lo que trato de implementar en mi salón de clase—un plan. A veces la vida no nos permite un plan. Cuando la realidad te golpea, como hizo conmigo con mi propia hija cuando estaba en medio de asunto y miré su ansiedad crecer, traté una de las estrategias. Tienes dos maneras hacer esto, trata y planea una forma consistente de incluir un intervalo de actividades altas y suaves cuando pueda. Para otros momentos, saber unas cuantas actividades con meta calmante que trabajen todo el tiempo con tu hijo se pueden utilizar.

A Bri, le cantaba su canción favorita y ella usualmente redirigía su energía. Hiba rápido con el carrito de bebé o con el carrito de supermercado si estábamos en una tienda. La levantaba de los bracitos y la columpiaba entre mis piernas o la abrazada y me mecía con ella en brazos para calmarla. Con forme fue creciendo, siempre traía conmigo goma de mascar sin azúcar en mi bolso para que ella mascara y se calmara o distrajera. Por supuesto, necesitaba un paquete completo de goma de mascar para esto, por ella se tragaba la goma rápidamente.

Elegí mis batallas porque necesitaba terminar mis compras o cualquier tarea que tenía al momento y solo quería ganar unos minutos de sanidad. En esos tiempos, la introducción a una nueva estrategia como nadar, girar, o brincar puede cambiar el ánimo y la inquietud que el niño pudiera estar experimentando. Si ellos están activos o hiper activos, entonces es tiempo de cambiar la estrategia a una actividad calmante. Lleve a su niño a caminar o practique caminar en un camino curveado o una viga para ayudarle a trabajar en su balance y enfoque. Es también una gran distracción para darles un nuevo reto físico, como el caminar en un camino irregular o en curvas.

Es un rompecabezas constante de seguro, pero puedes dominar el interpretar las necesidades sensoriales de tu hijo en cada corto tiempo. Solamente sé un buen observador de su lenguaje corporal, verbal y su energía. Ellos se comunican con nosotros usando esta información, y necesitamos ser diligentes para prestar atención a esos pequeños detalles. ¿Cómo se mira el sensorial en un niño, especialmente en un bebé? En mi experiencia personal con Brianna, se mira como cualquier cosa y todo en sus pequeñas y regordetas manitas metiéndose en su cabello. Hasta el día de hoy, Bri tiene mucho pelo, suficiente para pequeñas niñas. Atribuyo esto al pudin de chocolate, la comida de bebé, y todo lo demás que tuvo y se fue directamente a su cabecita de cabellos negros. Creo que una vez, algo suave, blando y de alguna forma extraño estaba en sus manitas y tenía que ir directamente a su pelo, como en un loco intento de quitárselo de las manos.

Ahora en los momentos menos placenteros—pañalitos desechables. Mientras todavía me encontraba con mucha negación acerca de cualquier cosa que fuera diferente con ella, hubo un par de ocasiones que me sorprendieron cuando me metí en buen ¡desastre en la cuna! Ya tenía el pañal sucio, y ella quizás trató de encontrar al culpable de su incomodidad y embarró todo el contenido por las paredes, los rieles de la cuna, las cobijas y en todo lo demás. En pánico y limpiando todo con cloro tan rápido como podía, trataba de hacer sentido a este comportamiento que con la hija número tres, era completamente nuevo para mí. Todo esto, acompañado de otras dos niñas gritando ¡lo asqueroso que esto era! Por suerte, como madre enfrentando una crisis, nos metemos en el modo multi tarea y limpiando la embarradura, limpiando a la bebé, y calmando a las otras niñas. Le puedo asegurar que no sabía nada sobre como traducir cualquiera de estas conductas en mi pequeña diablillo.

Era preciosa en todos los sentidos, y ocasionalmente ella me aventaba algo loco para manejar. No tenía forma de interpretarlo porque no quería en ese entonces. Me tomó muchos años, con el conocimiento en retrospectiva y la educación completa de mis colegas terapeutas ocupacionales, entender el significado de las necesidades señoriales que se demuestran a través de todos estos actos.

Como nota aparte, ya que había puesto los pañales desechables sucios en la basura y limpiado la cuna, lo que hice como padre típico, usé esta oportunidad para enseñarle "¡No!" Ella era solamente una bebé. No la culpé, pero tampoco quería una recurrencia de este comportamiento. Solo le dije, "No tocar, pañal puesto" Era tonto porque ella era tan pequeña, pero necesitaba decirle. Creo que ella estaba escuchando, porque no sucedió nuevamente. Ya sea que estaba escuchando o era mucho más rápida y más observadora. De cualquier forma, solamente ocurrió una vez.

El interés sensorial o la actitud defensiva pueden presentarse de muchas maneras diferentes. En mis experiencias de enseñanza preescolar, ha habido muchos bebés que no quieren nada que ver con materiales de arte. Mientras la mayoría de los niños se deleitarían en crema para afeitar, pintura con los dedos, o plastilina, hay otros que no quieren tener nada que ver con estos. Antes del intento inicial de inclusive tocarlo, ellos rechazarán participar, aunque sea un poquito.

Como maestra de estos pequeñitos, se lo importante que es para ellos tocar. Es esencial darles esa primera sensación, olor e inclusive sabor. Para que se familiaricen con estas actividades escolares, tiene que haber un contacto. ¿De dónde viene la resistencia? A veces, es falta de experiencia o exposición. Pudiera ser que nunca lo han visto. Podría ser que el olor es muy fuerte para ellos. Es muy a menudo la textura. En estos casos, es mejor dejar que el niño se acerque a los materiales por sí solo. Primero, les pongo la mesa y los materiales, haciéndolo muy atractivo con colores, juguetes, plastilina y recortes para que exploren. Luego, les pongo bonita música relajante y dejo que la naturaleza sigua su curso. Si unos niños se acercan a la mesa y tocan los materiales, en silencio me siento junto a ellos sin pedir nada y comienzo a jugar junto a ellos, lo que usualmente les da la oportunidad de explorar a su propio ritmo. Solamente intervengo para prevenir que se coman materiales que no son comestibles. Existen estrategias para aquellos cariñitos que se llevan todo a la boca. Con estos niños en particular, uso muchos substitutos, como crema batida en vez de crema para afeitar o pintura hecha de gelatina y crema batida. Además, existen fantásticas plastilinas o recetas de harina que son deliciosamente comestibles.

El problema con nuestros niños en el espectro es la generalización de los conceptos. Si comienzas con productos comestibles, y luego les presentas el concepto tradicional. Es difícil para ellos reconocer la diferencia. El reverso es inclusive igual. Nuestros niños tienden a aprender las cosas de una manera, y alterarlo lo hace confuso para ellos. Eso no quiere decir que no se puede hacer — necesita hacerse. La generalización en todas las áreas es esencial para ampliar su entendimiento del mundo alrededor de ellos. Simplemente debe enseñarse con el cuidado de saber en dónde estás y cuál será el siguiente paso.

Una de las terapias más populares se encuentra dentro del ámbito del análisis de comportamiento aplicado o ABA. Una parte de esta terapia es una prueba discreta, en otras palabras, actividades que son enseñadas en pequeños incrementos. Por ejemplo, si quieres que un niño ponga la pieza de un rompecabezas en el rompecabezas, puedes darle un rompecabezas de tres piezas y una pieza de rompecabezas diferente y observar lo que hará con ella. Quizás lo completarán todo por sí solos, sin ninguna instrucción, lo que sucede muy a menudo porque nuestros niños son muy visuales. Ellos tienen una extraña habilidad para mirar y completarlo sin los típicos intentos y errores que la mayoría de los niños tendrán. Con la prueba discreta, tú le entregas al niño una pieza del rompecabezas a la vez, y dependiendo en su acción, los llevas a través de una serie de indicaciones menos restrictivas para alentarlos a completar el rompecabezas o comenzar poniendo una pieza en el rompecabezas. Si el esfuerzo no se hace inicialmente, el terapeuta o padre entrenado lo dirigirá verbalmente, o lo harán gestos mostrándole el lugar correcto, tocando su mano, físicamente moviendo su mano o completamente ayudando la mano del niño para asegurarle el éxito. La jerarquía de las solicitudes varía de menor a mayor, de acuerdo con como sea necesario. Es un proceso de terapia muy efectivo con la generalización de habilidades, y luego el mantenimiento de estas. Es un proceso que alterna de principio a fin, luego continua nuevamente con más detalles pero que mantiene el mismo marco de trabajo.

La generalización es clave, y también lo es el trabajo en reversa. Incluye que pasemos tiempo para enseñar los conceptos de lenguaje, como es el deletreo de pelota. Una pelota puede ser grande, chica, roja o azul, y para algunos de nuestros niños esto puede resultar muy confuso. Ellos pudieran solamente aprender que la pelota en sus manos, que sucede ser pequeña y roja, es la única definición de pelota para ellos. Nosotros entonces debemos ampliar esa interpretación. Durante el comienzo de la terapia de prueba, el formato puede necesitar ser enseñado así. Primero, comenzamos etiquetando la pelota para el niño. Luego hacemos que el niño toque la pelota para demostrar su entendimiento receptivo. Enseguida, animamos al niño a repetir la etiqueta y verbalizarla el mismo diciendo, "Di pelota." Luego repetimos el proceso. Una vez entendido, o si es conceptualizado inmediatamente, se le presentan otras pelotas con el mismo etiquetado. En cuanto a lenguaje, se pueden tomar pasos para mejorar el tamaño de una oración añadiendo adjetivos al concepto. Por ejemplo, la pelota es descrita como pelota azul o pelota grande. La descripción de la pelota se amplía una vez que el niño esté listo. Trabajar con un buen terapeuta del habla para mejorar el desarrollo de lenguaje y la práctica continua en casa ayudará a construir el vocabulario básico. El Desarrollo del lenguaje debe ser practicado todo el tiempo para que el niño escuche la lengua, practique el lenguaje y lo use.

La generalización puede también suceder en reversa cuando el niño traduce información o generaliza. Un ejemplo de esto puede ser que una vez que al niño se le ha enseñado como comer algo, luego todo va a la boca. Otro ejemplo puede ser un niño que aprendió a dibujar o pintar en papel, luego él sobre generaliza y dibuja o pinta en las paredes, muebles, y otros lugares. Cuando Bri tenía como cuatro años, ella mostró señales de entendimiento de las letras, exceptuando cantar la canción del alfabeto. Ella ni siquiera apuntaba las letras o etiquetas con letras, o demostraba un entendimiento receptivo de las letras. Ella mejor armaba un rompecabezas de letras rápido, y nuevamente la llevaba a mostrarle los símbolos en el visual de fortalezas y no reconocía ninguna de las letras. Teníamos viviendo en casa como 15 años, y en lo que refiere a proyectos del hogar, mi recamara era la última en la lista de prioridades con tres hijas que criar. Un verano, mi esposo contrató a un pintor, y yo cuidadosamente elegí un hermoso color azul-gris para pintar la recámara principal. Era un color adorable y relajante como el color del cielo al atardecer.

Se miró bonito como por dos semanas. Luego un día que entro a la recamara al llegar a casa después de compras en el supermercado y haber dejado a Bri al cuidado de sus hermanas. Descubrí que mis recién pintadas hermosas paredes azules habían sido grafitadas con letras de dos pies de tamaño en un rojo zafiro, deletreando la palabra

"Elmo" ¡con el apóstrofe incluido! ¿Recuerdas que dije anteriormente acerca de mirar milagros cada día? ¿Quién la enseñó a leer o escribir? No podía creer lo que estaba viendo. Me tomó un buen rato darme cuenta de que mi hermosa pared tenía una nueva decoración, pero estaba bien. Créelo o no, el descubrimiento de esta nueva habilidad que no tenía idea que poseyera valía la pena la pérdida de la vanidad de tener una pared recién pintada. Si, tomé la cámara y le tomé fotografías. Le llamé a la abuela, y lloré. No lágrimas por mi cuarto, pero por mi hermosa pequeño genio autodidacta.

Una nueva terapia significa más trabajo para hacer, concentración en el alfabeto, lectura, y escritura. Siempre haciendo la pregunta "¿y después que hago?" con ella entendiendo nuevos conceptos. Verdaderamente, siempre estaré haciendo esa pregunta, y usted debe hacerlo también. No hay limitaciones en lo que ellos pueden aprender. Hay solamente nuevos horizontes por descubrir cómo enseñarles.

"Una vez que aceptamos nuestros limites, los sobrepasamos."

—Albert Einstein

## Capítulo 10

## La Vida Real

Bueno, no quiero que piense que cada aventura la manejé con gracia y humor. Tuve mis momentos de vida real en más ocasiones de las que yo hubiera preferido. Todavía estoy aprendiendo como aceptar esos días locos y todo el trabajo extra que estos conllevan, usualmente en los momentos más inoportunos. Constantemente trabajo en ese balance ilusorio de la vida que todos sufrimos para encontrarnos hasta el momento más pequeño. Dicho esto, hubo una ocasión en particular que te contaré.

## La Historia del Perro Azul

Cuando Bri tenía como cinco años de edad, decidí que necesitábamos un cachorro. Estaba trabajando en la escuela en donde uno de nuestros visitantes mensuales era la organización Asistencia

Canina. Ellos llegaron con un carrito lleno de cachorritos que eran los más bonitos, bien entrenados, pequeños paquetes de alegría. La mayoría eran cachorritos Golden Retrievers, con algunos labradores entre ellos. A mis estudiantes de primaria se les permitió tocarlos, lo cual les trajo un inmenso placer. Entonces, comencé una búsqueda de seis meses de perros profesionalmente entrenados, especialmente aquellos entrenados para servir como perros de servicio para niños con discapacidades. El gasto en este tipo de perro era algo que estaba muy por encima de nuestro presupuesto, y la lista de espera era años de larga. Sin embargo, hice mi propia investigación y comencé a buscar a los criadores. Después de todo, yo tengo dos especializaciones en manejo del comportamiento, ¿no podría entrenar a un cachorrito?

Encontramos a la familia perfecta y fuimos a su casa cuando los perritos tenían como ocho semanas de nacidos. Nuestra pequeña Josie eligió a nuestra familia. Elle se fue directamente a mi hija la mediana, más para placer de ella. Se hizo el trato, y regresamos a casa con el perrito más dulce. Era una perrita maravillosa con pelaje rubio, una pancita regordeta y todos nos enamoramos de ella muy rápido. Ella apenas tendría un par de meses en la casa cuando Bri salió por la puerta de enfrente sola. Era un comportamiento inusual en ella, pero las conductas en nuestros niños en el espectro cambian rápidamente. ¡Así que esta pequeña con autismo se salió, y detrás de ella y sin correa va nuestra Josie! Por supuesto, yo estaba justo detrás de ellos, pero lo que me maravilló fue la disciplina y el instinto de este cachorrito. Desde entonces, he estado enamorada de ella, al igual que la familia completa y todo aquel que conoce a este nuevo miembro de la familia. Un perro acompañante es una Buena opción de terapia, pero píenselo cuidadosamente para su familia, porque como cualquier animalito, es también mucho trabajo.

Una noche especial me trae al punto de esta historia. Había estado pintando durante el verano con Bri. Estaba trabajando en su creatividad y explorando diferentes materiales de arte, en general, me estaba divirtiendo con ella. Esa noche, la había acostado en su cama y me prepare para lo que imagine seria mi tiempo de relajación de adulto. No existe tal cosa en nuestro mundo la mayoría de las veces. Había comprado una cámara nueva y estaba tratando de instalarle las baterías, leí las instrucciones y me encontraba muy entretenida en este proyecto. De repente, escucho los gritos de mis hijas, volteo para mirar hacia arriba para saber de qué se trataba la conmoción. El perro, nuestra Josie, que en ese entonces tendría unas 45 libras, ¡estaba completamente cubierta de pintura tempera azul! ¡Ojalá hubiera sabido para tener mi cámara lista para tomar fotografías de este caos! No era así, ni tampoco era todavía el tiempo de los celulares. Esta por demás decirlo, el caos se apoderó de todos. Las decisiones por hacer al momento eran dobles. ¿A quién limpio primero? Tenía a un perro entusiasmado cubierto en azul, corriendo por toda mi alfombra persa y tenía a una niña con autismo cubierta de azul, carcajeándose y toda cubierta en pintura. Este no fue uno de mis mejores momentos. Tampoco fue gracioso o divertido. ¡era un desastre! Debido a mi disposición de tiempo, ¡elegí lavar primero al perro! Me llevé a Josie al baño de arriba, la metí a la tina, lo cual no era un placer para ella, y la limpié. Mientras tanto, ordené a las hermanas de

Bri, no dejar que Bri se bajara de su silla alta hasta que yo pudiera hacerme cargo de ella. Terminé limpiando mi casa hasta bien pasada la media noche. Quiero pensar que recuerdo esta historia con afecto, pero creo que sería exagerar. Existirán momentos como estos con cualquier niño, pero con Bri simplemente parecía que había involucrado mucho más. Todas esas oportunidades o desastres, sin embargo, pueden ser oportunidades para aprender. Me encantaría tener fotos de ese día, no es así, pero está permanentemente grabado en mi mente debido al impacto que tuvo en mi sala. Por meses, me pasé encontrando evidencia del azul en varias partes de la casa. El aprendizaje, o el concepto, que esperaba que Bri entendiera, era que nos encanta pintar. El arte y la pintura son algo divertido que podemos disfrutar, pero hay un tiempo y lugar para todo, el cual me quitó la libertad de las manos de mi pequeña artista. Por varios días después del evento tormenta azul, fue necesario enseñarle la manera apropiada de pintar, en donde guardamos los materiales, donde pintamos, y qué no debemos pintar.

La enseñé a cepillar a la perrita y le permití que me ayudara a darle de comer. Nuestros conceptos de lenguaje circulaban alrededor del cuidado del cachorrito y que no pintamos a Josie porque a ella no le gusta. Mi consejo en estas situaciones es tratar de disfrutar esos momentos de locura. Mírelos por lo que son, pero por tu propia sanidad, desarrolla tu sentido del humor durante esos momentos. Si eres muy estricto, tus niveles de estrés se exorbitarán, así como los de tu niño. En cada momento de enseñanza, te conviertes en una nueva persona comprensiva para tu hijo. Toma la oportunidad, Buena o mala, sucia o cercana a la catástrofe y mírala a distancia cuando puedas. Analiza las acciones pre y post, y mira que es lo que puedes hacer diferente la próxima vez para evitar lo imprevisible. Nuestro perro azul es un hermoso recuerdo para mí, uno bien sobrevivido. Las alfombras se limpiaron la mayor parte. Mi familia nunca olvida esa noche. Quizás, fui capaz de tomar este fiasco y convertirlo en como Bri se graduaría de este nivel hacia uno nuevo de entendimiento en otras varias áreas. La generalización de conceptos nunca termina. Mientras trabajamos con nuestros niños, le enseñamos vocabulario del mundo alrededor de ellos, paso a paso. Al principio, enseñamos lenguaje para dar un simple nombre a un objeto que sostenemos en las manos. Bri aprendió algunas nuevas palabras que conocía y capturó para ella para siempre. Aunque ya estaba en sus años de infancia (de uno a tres), sus únicas palabras eran

Elmo, pelota, no y mami. Ella usaba su pequeño inventario de lenguaje para describir su mundo. A veces caminaba sosteniendo en una manita una pelota y la otra Elmo. Mami era la persona que la seguía por todos lados, la alimentaba, y le mantenía segura. Mami era una buena palabra a saber. Me llamaba y me mostraba sus dos manitas. Me mostraba la pelota y repetía la palabra "pelota" varias veces, luego miraba su otra manita y decía "no, no pelota". Decía "Elmo" y me enseñaba a Elmo, luego decía mi nombre y repetía estas frases. Yo la redirigí alejándola de la perseverancia. Estas lecciones fueron más que vocabulario. Estas lecciones son la manera de ser para navegar sus entornos. Cada objeto que es etiquetado y entendido en lenguaje receptivo y expresivo, así como la habilidad de decirlo y entenderlo se convierte de ellos. Incluso cuando Bri solamente tenía posesión de sus palabras favoritas, ella podía comunicar las cosas que eran más importantes para ella.

Lo mismo es verdad para las actividades de generalización. El lenguaje crece y se desarrolla en un vocabulario para trabajar. Las actividades aumentan de acuerdo a lo que ellos pueden hacer y como lo hacen. No todo tiene que caber exactamente en una cajita, pero en la mente de nuestros niños, debe haber ahí una manera compartimentada de hacerlo. Ellos aprenden a ver patrones de esta manera. Cuando le enseñé a Bri que nosotros solamente usamos pintura en la mesa y en papel, eso le ayudó mucho a ella. Una vez que ella entendió que nosotros no pintamos en las paredes de la recamara de mami o en ninguna pared, ella aprendió que tendríamos menos sorpresas también. Cuando le presenté una gran pieza de papel de carnicero para que ella revelara su artista interior, me di cuenta también que podría tener una alfombra más limpia. Cuando le enseñé que necesitamos pelar al perro, darle de comer, y jugar con ella, pero no la pintamos, las dos ganamos conocimiento.

Estas cosas maravillosas las aprendí a través de experiencias interesantes. A pesar de que nuestros hijos necesitan la oportunidad de generalizar lo que aprenden para que no se limiten, también nos sirve muy bien para desalentar la autolimitación o discriminación de lo que ellos no quieren explorar. Este concepto se refiere a todo, incluyendo la comida. Nuestros hijos son constantemente quisquillosos para comer. Como padre, quizá ya hayas sido testigo del periodo de ventana tan corto que los niños nos dan cuando se refiere a gustos por la comida o comidas que prefieren. En aras de la generalización y distinción, es pertinente presentarles nuevos alimentos de forma regular, especialmente en la edad temprana, porque eso te da una ventaja antes de que los hábitos se creen. Etiquete la comida y su color. Cuando le sea posible describa el sabor para mejorar la experiencia de comer. Habrá tiempos en que cualquier cosa nueva, ya sea comida u otra cosa, no será tolerada, ni siquiera a una pulgada de la cara de nuestros hijos. Ellos saben lo que les gusta y lo que no. El reto está en expandir esos horizontes en cada área posible.

Recuerdo muy bien como Bri distinguía entre todas sus figurillas de Disney. Ella decidía cual se quedaba en su área de juego. Tristemente, había muchos caracteres no queridos, incluyendo El Tigre, el cual fue soltado por la tasa del baño varias veces. Winnie-the-Pooh la hizo en la lista de los favoritos la mayoría de las veces. Nunca hay pocos momentos para enseñar. Cada mañana, tú y tu hijo comenzarán un nuevo día descubriendo el mundo.

"A no sabes el valor de un momento, hasta que este se convierte en recuerdo."

—Dr. Seuss

## Capítulo 11

### Dieta y Comedores Delicados

La parte más frustrante de auto limitarse con nuestros niños es probablemente el área de la comida. Comer es el placer más básico y sobrevivencia del humano. Aún así, comer es el problema más común de nuestros hijos en el espectro. Ellos no solamente se auto limitan por la naturaleza de su discapacidad, pero ni siquiera tratarán cosas nuevas sin hacer grandes berrinches.

Yo alimenté a Bri tanto como pude, principalmente porque sabía que ella sería mi último bebé que criar, y me encantaba. Le di de comer para crear un vínculo y la alimenté el mayor número de meses posible. Pasaron 18 meses antes que la destetara por completo. También la alimente con cereal y comida para bebé en las etapas apropiadas de desarrollo porque ella tenía muy buen apetito. En cuanto a comida para bebé, ella fue mi audiencia más captada, así que no tuve tanta resistencia a esa edad. De hecho, ella comía su puré muy bien. Ella parecía tener un apetito definitivo por el helado y el chocolate desde temprana edad, y también las hermanas. Nunca puse mucha atención a esto, porque ella estaba creciendo y saludable. Ella parecía estar recibiendo toda la nutrición necesaria, especialmente con leche materna.

Cuando comenzamos a profundizar más en las terapias y comencé a leer más acerca de nutrición, suplementos, y dietas especiales, me confundí con sus necesidades dietéticas. Existe tanta información acerca de dietas para nuestros niños que puede ser bastante desalentador. Un libro de Lisa Lewis titulado Dietas *especiales para niños especiales (Special Diets for Special Kids)* me dio más específicos que pueden ser de mucha ayuda para las necesidades individuales de sus hijos. Recomiendo comenzar con un pediatra del desarrollo o un nutriólogo especializado en el área de planear una dieta propia para su hijo.

Los exámenes médicos pueden determinar problemas digestivos específicos, alergias o sensibilidad a algunas comidas específicas para su caso. Hay Buena información disponible, pero puede resultar extremadamente abrumador. Haga su propia investigación y tome sus propias decisiones junto con el equipo de su hijo. Las dietas alternativas son mucho más fáciles en estos días son tantas cadenas de supermercados ofreciendo opciones de alimentos sin gluten y varias harinas para hornear, pero aun así puede ser trabajoso encontrar los productos correctos para sus necesidades.

Bri no mostraba ninguno de los signos reveladores de la sensibilidad al gluten o la casina. Aun así, yo fui una madre dispuesta a tratar cualesquiera cosas y todo, y así lo hicimos. Por seis meses, le quité todo el pan y la leche cuando tenía como tres años. Acabábamos de irnos de vacaciones, y estábamos en un área de juego en el centro comercial. Ambas de mis pequeñitas se enfermaron violentamente con un terrible virus estomacal. Mientras se recuperaban en casa de la abuela, mantuve a mis dos hijas alejadas de los productos lácteos. Pensé que había visto algo en el desarrollo de Bri. Miré que su conducta de caminar de puntillas paró. Su lenguaje incrementó. Ella estaba más animada. ¿Qué ha cambiado? Pensé en todas las variables que pudieron traerle este cambio positivo. Entonces recordé que, por 10 días debido al virus estomacal, ninguna de mis hijas ingirió algún producto lácteo de ningún tipo. Me cuestioné profusamente, ¿será que Bri tenga sensibilidad a la casina o a la lactosa? ¿Será que la he estado amamantando por más de un año y medio, pensando que la estaba ayudando cuando en realidad la estaba dañando? Me mataba pensar en esa posibilidad. Las madres tendemos a culparnos primero a nosotras mismas cuando nos sentimos culpables, y no deberíamos. Yo soy de esas madres, así que fui al pediatra por respuestas. Me dijeron que no existía un examen definitivo para ella, Ella no mostraba señales del síndrome del intestino permeable, el cual muchos de los niños en el espectro desarrollan. Ella tenía algunos problemas de constipación, pero la sugerencia fue de incluir más agua y frutas a su dieta. Por lo tanto, me encargué de ir completamente a un estilo de vida libre de gluten y caseína para mi hija. Cambié su pan y no le di más helado, leche, yogurt, o queso. Era difícil y caro. No soy panadera, pero intenté convertirme en una panadera sin gluten. La resistencia de Bri fue ridícula mientras nosotros perseveramos. En mi experiencia he encontrado (y especialmente con Bri) que ll problema de presentar una nueva dieta a la mayoría de los niños es que si no reconocen o quieren una comida nueva, no comen. Con esto quiero decir, con ella, o es todo o nada. Era mamá —yo no era buena con este comportamiento de no comer. Le rogué que probara algo, que comiera algo, y ella simplemente se negó. Su auto limitación creció. Ella comería toneladas de sandía o uvas y tomaba mucha agua. Luego, mostraría su determinación de no probar nada más y negarse a comer. Era más que una tortura para mí, y estoy segura de que para ella también.

La comida puede ser un gran refuerzo para nuestros hijos cuando algo les gusta. Las terapeutas del habla y maestros seguido usan premios comestibles para obtener lenguaje de nuestros niños todo el tiempo. Cuando tienes a un niño en una dieta restrictiva, estas opciones necesitan ser muy creativas. Con suerte habrá opciones saludables en la mayoría de las tiendas, y tú puedas encontrar una opción viable. La conclusión para Bri fue que después de seis meses de cambio en su dieta, no hubo más cambios significativos. Para mi hija durante ese periodo, la dieta no parecía estar influenciando el desarrollo de su lenguaje o su conducta más después de los síntomas iniciales. En esa coyuntura, decidí lentamente añadir algo de productos lácteos en su dieta. Luego continúe muy cuidadosamente con productos de trigo, monitoreando cualquier cambio de comportamiento muy de cerca. El consenso general es que cuando un niño está sufriendo de sensibilidades dietéticas o alergias, entonces los cambios de comportamiento se pueden apreciar casi de inmediato en el transcurso de unas cuantas semanas.

Proveer alimentos saludables y la mejor nutrición posible para los niños es siempre lo mejor. Todos se benefician de comprar localmente y orgánicamente cuando sea posible. El concepto del rancho a tu mesa está aumentando de popularidad en la mayoría de los lugares, o algunos de nosotros tenemos la suficiente suerte de saber en dónde se encuentran esas granjas. Recoger nuestros propios alimentos directamente de la tierra y compartirlos con tus amigos y familiares es definitivamente algo por lo cual debes esforzarte. Con nuestros hijos y sus delicados paladares, la mejor manera es mantener comida fresca y sencilla. Presenta dos colores al mismo tiempo, pero quizás sin mezclarlos. Los niños a los que les gusta las cosas separadas se sentirán más cómodos y es más probable que prueben la comida que se les ofrece. Recuerde de presentar un fruta nueva o pan, una pieza a la vez para ganar su interés y también para determinar posibles alergias. Le animo a monitorear por irritaciones, comportamiento, y otras preocupaciones con su pediatra. Para nuestra familia, yo traté de reducir el gluten cuando podía y lentamente introducirlos a una dieta más típica.

"La vida es una sucesión de lecciones que necesitan vivirse para poder entenderse."

—Helen Keller

## Capítulo 12

## Preocupaciones de Salud

En cuanto a la dieta y otras manifestaciones físicas con nuestros niños con autismo, puede ser difícil mantenerse al día porque los problemas cambian a menudo y a veces, parecen aparecer de la nada. El estreñimiento es una dolencia bastante común con nuestros hijos. Sé que existen varias conexiones con el estrés y problemas abdominales, así como en la dieta. La entrada suficiente de líquidos para hidratar sus cuerpos es vital. Algunos padres han sufrido tantos problemas digestivos diferentes con sus hijos. Todos los problemas digestivos deben compartirse con su pediatra. Y no digo esto solamente como una liberación de responsabilidad de mi parte, pero por urgencia debido al hecho de que nuestros hijos no pueden comunicarnos sus primeros síntomas y nosotros debemos ser predictores de la aflicción de su cuerpo, si las hay.

Bri no comenzó a tener problemas intestinales hasta que se volvió más selectiva con su dieta. Los problemas comienzan con su auto limitación y evasión de probar nuevos alimentos e incluso hacer elecciones saludables. Ella podía pasar uno o dos días sin hacer del baño, lo cual era muy preocupante para mí. Incrementé su consumo de agua y frutas, e incluso le daba masajes para bebé con la esperanza de estimular su pequeño sistema.

Al rededor de la edad de cinco, ella comenzó una nueva conducta durante uno de esos tiempos y horarios irregulares de eliminación. Ella comenzó a picarse la espalda ella misma con sus deditos. Yo le movía las manos hacia abajo y trataba de obtener algo de comunicación de ella para ver cuál era el problema. Debemos ser super investigadores y observadores de cualquier comportamiento nuevo o extraño. Debemos hacer nuestro mejor esfuerzo para derivar una pequeña pieza de información de cada situación curiosa. Le pedía que parara y le movía las manitas hacia abajo, interpretando que los piquetes con sus dedos eran un comportamiento aislado de autocastigo. De verdad que no tenía idea de porque ella hacía esto o como pararlo. No mire ninguna picadura de insecto o nada en su espalda que pudiera ser motivo de alarma. Luego de unos cuantos días de este nuevo comportamiento, note que todo este punzarse con tal fuerza con los deditos, causó unos pequeños moretones circulares por toda su espalda. ¡Fue horrible! Mi pequeña niña se había causado moretes en la espalda hasta que estuvo toda cubierta de puntos negros y morados. La llevé directo con el pediatra del desarrollo y le expliqué que los últimos días el comportamiento había empeorado. Lo mire esperando una solución inmediata. Estaba horrorizada por esta conducta porque ella nunca había mostrado signos de agresión o alguna conducta de auto lastimarse, pero muchos de nuestros niños lo hacen. Ella estaba frustrada y con dolor, y yo era una madre sin respuestas para ayudar a mi hija. Su doctor, la Dra. Leslie Rubín, mi héroe, nos envió directo al hospital para unas radiografías del estómago.

Soy Conductista de oficio y sus pinchazos parecen algo relacionado al comportamiento para mí. No estaba poniendo juntos dos más dos. El doctor ordenó imágenes del abdomen, las cuales mostraron un bloqueo severo en sus intestinos. Básicamente, ella estaba reteniendo sus evacuaciones; hacía del baño lo suficiente, pero no completamente para de una manera eficaz limpiar sus intestinos. Con el tiempo, la enfermó y definitivamente le causó dolor. Su única manera de comunicación era el punzarse hasta que se creó moretes tratando de mostrarme que le dolía. Ni siquiera necesitamos hablar de lo frustrante que es esto como padre. Es obvio. Tu hija que no te puede decir sus problemas de salud más sencillos y especialmente describir su dolor o en donde le duele.

Es desgarrador, y a veces simplemente no parece terminar. Siempre hay algo que necesitan decirnos y no pueden. Nosotros, como padres, hacemos lo mejor que podemos de una forma constante para interpretar sus mensajes, pero a veces nos toma tiempo. El resumen de esta visita al doctor fue que ella necesitaba medicina para ayudarle a suavizar su excremento y estabilizar su sistema por un tiempo. Ayudo el hacerla más regular con sus necesidades en el baño, lo cual parece lo suficientemente fácil. Tengo más información acerca del entrenamiento en el baño en los siguientes capítulos, pero para este entonces Bri ya estaba entrenada para ir al baño sola y ser independiente en su limpieza y cuidado, lo cual fue muy importante y crucial para ella avanzar en todos los entornos. Con la introducción de este medicamento, un par de nuevos obstáculos se presentaron. Su barriguita estaba fuera de control; la dosis era muy fuerte para ella. Aunque ella era independiente en el baño, bajo estos ataques estresantes en su sistema, un problema surgió. Entré al baño solamente para ver que mi preciosa y pequeña nena trataba desesperadamente de limpiar con todas las toallas para invitados. En verdad, no me preocupaba el embarradero para nada, pero estaba con el corazón partido por este pobre angelito que trataba con todas sus ganas de cuidarse. Ella ya tenía varios años entrenada para ir al baño sola, pero en esta situación, su cuerpo la traicionó. Una llamada rápida al doctor remedió el problema con un cambio en la cantidad de la dosis y un horario intermitente para la medicina. Lo más sencillo puede ser lo más complejo del mundo. Los problemas que no parecen tan grandes con un niño típico se magnificaban con la de nosotros.

Nosotros somos su voz. Depende de nosotros el difuminar las capas de cualquier cosa que no sea correcta.

Un simple dolor de barriga de mis otras dos hijas hubiera sido resuelto tan rápido y tan diferente. Para mi hija la menor, fue moretones y dolor, radiografías, una momentánea pérdida de su independencia. Le puedo decir lo difícil que estas cosas pueden ser, especialmente si permites que se adelanten. Nunca tuve tiempo realmente de pensar en los detalles. Era solo una madre, una madre en acción, determinada a ayudar a Bri a convertirse en una niña feliz y saludable.

"Todo el mundo vale todo."

—Maya Angelou

## Capítulo 13

## Entrenamiento del Baño

Entrené a tres pequeñas niñas para ir al baño, y cada experiencia fue completamente diferente. Desde entonces, he perfeccionado las estrategias usadas con lo mejor de mi habilidad en mi experiencia del salón de clase. Todavía estoy aprendiendo y buscando maneras consistentes de ayudar a estos pequeños a conseguir su independencia dentro de sus marcos de desarrollo. En este momento de mi vida, he estado enseñando necesidades especiales de preescolar durante siete años.

Previamente, el entrenamiento del baño era también necesario en la secundaria y niveles de preparatoria y era parte de una habilidad repertoria. Es una habilidad de vida necesaria, y cuando no se cumple, necesita trabajarse a cualquier edad.

Incluso cuando existen condiciones médicas que considerar, la rutina de habilidades de auto cuidado debe autodirigirse cuando sea apropiado. Muchas habilidades de auto ayuda no son solamente acerca de conseguir la habilidad, pero también acerca de su dignidad e independencia, aún en niveles emergentes. Incluso cuando hay condiciones médicas que considerar, la rutina de habilidades de auto cuidado debe ser dirigida cuando sea apropiado. Muchas habilidades de auto cuidado no son solamente acerca de establecerlas, pero acerca de la dignidad e independencia incluso al nivel emergente. El corazón del entrenamiento para ir al baño con un niño pequeño, neurótica o de otra manera, es donde ellos se encuentran en su etapa de desarrollo. Necesitan realmente estar listos. Ningún truco o persuasión alterará la capacidad del niño antes de que sea su momento. Ellos necesitan entender que es lo que se les pide, necesitan ser capaces de interpretar las señales de su cuerpo. Con niños que tengan consideraciones médicas, los tiempos pueden ser completamente diferentes. No los presione para hacer que suceda antes de que estén listos. Presionar antes de que estén listos puede contribuir a un estrés innecesario y ansiedad para el niño. Existen muchas variables cuando se trata de entender que es lo que sucede con sus cuerpos, como sonidos en el baño, soltarles a los inodoros, y el tiempo. Se debe enseñar de una forma divertida y como un evento natural del que todos participamos. Con nuestros bebés en el espectro, los niveles de ansiedad probablemente alteran el éxito la mayoría de las veces, especialmente si todas las áreas mencionadas anteriormente han sido satisfechas. El horror absoluto del niño derivado de la descarga del inodoro a un continuo de descarga hasta el punto de obsesión es típico. Puede ser cómico a veces, y eso es solamente el principio. Puedo dar testimonio de numerosas historias de desastres de plomería debido a objetos misteriosos que fueron pasados por el inodoro. Voy a hablar de la dirección del entrenamiento para usar el baño antes de hablar de los problemas de cañería por ahora. Para poder entrenar a su hijo en el espectro u otros con retrasos de desarrollo, el reforzamiento es mayor y usualmente necesitado. Tiene que haber una olla con oro al final del arcoíris, digámoslo así. Nuestros niños no van a hacer las cosas solamente porque nosotros lo deseamos, especialmente cuando se refiere a sus habilidades para usar el baño.

Ahora, más de tus habilidades investigativas deben entrar en juego. ¿Cuál es la cosa favorita de tu pequeño? ¿es una computadora o una tableta?

¿Es un panecito o una paleta? Sus cosas favoritas son tus trucos para negociar. Debes encontrar el objeto más insaciable y deseable para el cual tu hijo esté dispuesto a saltar y utilizarlo. Me refiero al tratamiento "lo que más le guste"— aquello que no esté disponible *excepto* a través de la oportunidad especial de ir al baño. No puede ser de otra manera. Si su hijo tiene acceso a este artículo más codiciado en cualquier otro momento, no será tan especial, ni funcionará consistentemente. Para Bri, eran las magdalenas de chocolate—el horrible hombre escondido en la alacena para un día lluvioso que juras que nunca compras. Ella adoraba estos dulces, hidrogenados, panecitos con aceite de palma. En ese entonces, no eran tan orgánicos como trato de que ahora sean, pero ese es otro tópico.

Para entrenarla, tomé una foto de esta prohibida deliciosidad y puse la foto junto a una tarjeta de índex cruzada por en medio con una línea. El otro lado tenía una foto de la pequeña bacinica de Bri. Le mostraba su bacinica propia, la cual tenía la etiqueta "Baño", aplaudiendo y animándola con su hermosa vocecita diciéndome lo obvio, entonces comenzaba el proceso. Luego, le mostraba solamente la foto del panecito y se lo describía como un delicioso panecito de chocolate, y dejaba el juego comenzar.

Primero la introduje a la sillita bacinica de entrenamiento para bebés y luego la pasé a la de asiento acolchonado con la foto de Elmo que se usa en la tasa de baño regular. Comencé con la instrucción "Siéntate en la tasa de baño." Entonces ella corría por toda la casa, brincando em los muebles y riéndose, para no estar en ninguna parte cerca del baño. La alcancé y la traje de regreso a la tasa de baño, tomada de la mano para que intentara una vez más. Primer round, segundo, el tercero ella lo ganó de seguro, pero eventualmente ella se enfocó lo suficiente en la foto del panecito. Momentáneamente capté su atención. Entonces, después de cualquier tiempo que haya tomado—días, semanas, meses—una vez que la actividad se implementó y que tuvimos éxito, comenzamos a celebrar. La primera vez que lo logró, celebramos cantando y aplaudiendo, y el ilustre panecito se entregó como ¡el premio mayor! Pero ten en cuenta que éste solo es el primer paso. La consistencia es clave. Yo seguí el mismo formato por un buen tiempo hasta que la actividad se arraigó y pertenencia a sus otras habilidades. No te puedo dar un tiempo exacto para esto, solamente sé paciente y disfruta el proceso. Es diferente para cada niño. La clave está en usar el artículo más deseado por ellos de una forma muy selectiva para producir el resultado que deseas.

Ahora, para decirle en reversa como se miraba el entrenamiento de ir al baño para mí con mis niños neurotípicos, si en realidad esto existe. Mi querida hija mediana era apenas una bebé, tenía apenas ocho días pasados los dos años cuando se le presentó a su nueva hermanita, Bri. Mi preciosa Elana, mi tan esperada segunda hija, cuando fue su turno de entrenar para ir al baño, apenas estaba acostumbrándose a la novedad de un nuevo miembro en la familia y no tenía interés. Cuando le presenté la idea, mucho más tarde de lo que lo hiciera con su hermana mayor, no tenía ni un poquito de deseo para ello—Elana no estaba lista. La preparación del niño es el factor más importante.

Acababa de traer a casa a este pequeño extraterrestre a su reino. Todo el mundo estaba preocupado por este nuevo paquete rosa. Se habló de pañales pequeños y pies pequeños, y naturalmente, ella no iba a renunciar a su posición como el bebé de nuestra familia sin pelear. Nuestra conversación fue algo así: "No quiero ir al baño". "Me gustan los pañales". No fue una batalla que escogí en ese momento, por la simple razón de que acababa de dar a luz y estaba tratando de manejar a una familia de tres hijos por primera vez. Elige tus batallas sabiamente, y elige tu tiempo.

Ahora, mi primera hija, Amanda, fue completamente un diferente escenario. Siendo madre primeriza de 24 años de edad, ella fue como una muñequita para mí. Un día, fuimos a una tienda de bicicletas, y ella miró una bicicletita rosada para bebés. No tenía setenta y cinco dólares para comprársela en ese momento, ¡Solamente porque mi pequeña princesa la pidiera! Le dije a mi hija que cuando usara pantalones de niña grande, su mami le compraría esa bicicleta. Ese mismo día cuando regresamos a casa, ella fue arriba, se quitó los pañales desechables y se puso los pantalones. Los había estado guardando para comenzar a practicar con Amanda. Ella sola fue y se sentó en su bacinica de entrenamiento. Habíamos estado practicando, pero no consistentemente hasta ese momento. Sorpresivamente, esta niña, ni siquiera tenía dos años, ¡pero fue el último día que usó pañales desechables! En los siguientes días, le pedí a su abuelita que me ayudara a comprar la bicicletita rosa para ella.

¡El poder del reforzamiento con todos los niños es increíble! Todos témenos nuestra propia moneda (nuestro precio). El truco es encontrar la moneda particular para tu niño en cada situación. Estar listo y el reforzamiento te hará comenzar.

Continua hacia adelante consistentemente. Ahora puedo describir a los 40+ niños con los que he tenido experiencias de éxito en el salón de clase con el entrenamiento para ir al baño. Las mejores estrategias solamente trabajan en la escuela cuando también tengo el apoyo de su entorno de casa.

Nunca olvides que tú eres el primer y mejor maestro y terapeuta de tu hijo Ningún profesional puede llegar a tu hijo tan bien y tan rápido como tú lo puedes hacer como padre de familia. Yo he sido ambos en tiempos diferentes en mi vida, y he sido ambos al mismo tiempo. El equipo que formas para tu hijo trabaja porque tu estas cooperando, dando tus opiniones y ayudando con el proceso completamente. ¡El poder está en la crianza! Tu equipo solamente guía. En el salón de clase, tengo la ayuda completa de la mentalidad del grupo. Cantamos canciones acerca de ir al baño. Miramos a Elmo ir al baño. Leemos historias sociales acerca de ir al baño. La presión social de ser un niño grande y el gran empuje de mercadotecnia de las industrias de pañales desechables hace aprender a ir al baño un ¡super estatus! Uso graficas de cómo ir al baño individualizadas con el tren Tomás para entrenar, Dora, o cualquier cosa que funcione mejor. Recuerda, la búsqueda de la moneda es vital. Usando estrellitas y calcomanías, yo refuerzo sus esfuerzos con la habilidad para ganar hasta seis calcomanías en un uso limpio, solamente por ir al baño de manera independiente, ir a la tasa, bajarse la ropa, lavarse y secarse las manos. Mira cuantos pasos involucra. No es sorpresa él porque es una tarea tediosa para nuestros pequeños.

En mi salón de clase, hago lo mejor que puedo para hacer el ir al baño una gran fiesta. Lo malo esta en los detalles, así como en reducir los niveles de ansiedad para los chavitos hiper emocionados. En otras palabras, si soltar la tasa es un gran terror, entonces no lo hagas. Mantenlo simple. Estas tratando de conseguir a un pequeño con todo tipo de problemas sensoriales que filtre el temor y haga lo que tiene que hacer. Cualquier manera de lograrlo vale la pena la inversión. A veces, bajar el tono (intensidad) de la luz, o música suave puede ayudar a sus niveles de comodidad. Muchas veces, nos aseguramos de que el estudiante este lo suficientemente hidratado para incrementar su chance de tener éxito. Individualiza el reforzamiento para que valga la pena. Un buen consejo para un maestro es llamar a casa cuando el estudiante lo consiga en la escuela. Los esfuerzos conjuntos, y la comunicación inmediata con los padres ¡hace su día, y también el tuyo! Alaba, alaba, alaba sus logros. Alaba y refuerza. El éxito significa independencia, y la independencia significa ¡avanzar al siguiente paso! He tocado generalidades y también básicos de entrenamiento para ir al baño. Es importante también tocar los problemas sensoriales que están en relación directa con estas estrategias. Si una habilidad, como lo es el entrenamiento para ir al baño es enseñada y se mantiene de alguna forma consistente, se convierte en una gran base.

Desafortunadamente, habrá tiempos en los que esta habilidad desaparezca debido a los cambios de entorno, como un baño diferente durante un viaje, o algún otro cambio en los horarios del niño. Estos tiempos, sin embargo, pueden ser oportunidades de enseñar la generalización de las habilidades enseñadas en casa o la escuela. Otras áreas de peligro son cuando el cuerpo esta relajado y no está prestando atención a los protocolos del baño, como cuando se encuentra en la bañera o la piscina. Cuando Bri tenía como dos años de edad y su hermana tenía cuatro, hubieron desafortunadamente varios incidentes de sorpresa en la bañera, lo cual fue muy traumatizantes para su hermana y en absoluto un problema para mi bebé buscadora sensorial. Ella solo diría con voz dulce, "Mama", y trataría de entregarme sus pequeños regalitos. No era bonito, y creaba un tiempo de baño escandaloso con las lágrimas y gritos de su ¡mortificada hermana! En retrospectiva, esto probablemente no era nada más que un bebé relajado que no sentía la presión de salir del calor de una bañera para participar en sus nuevas habilidades para el baño. No hace falta decir que el baño en grupo se detuvo por un tiempo. Así, otra lección de generalización.

"Todo en el universo tiene ritmo, todo baila.."

—Maya Angelou

## Capítulo 14

## Espera lo Inesperado

En el caso de cualquier niño, siempre ocurrirá que lo inesperado te suceda, como padre, que no pudiste predecir. Nosotros prevenimos a los niños de no tocar cosas que son calientes. Les advertimos de no poner nada cerca de una toma eléctrica. Les rogamos no subir tan alto o caminar enfrente de un familiar que este columpiándose. Estos peligros estándares se pasan de generación en generación. Como crecimos en el sur de la Florida, nos enseñaron a nadar a temprana edad porque había agua por todas partes. Yo hice lo mismo con todas mis hijas, especialmente Bri. Nuestro papel principal como padres es tratar de proteger a nuestros hijos, todos los niños, de los peligros diarios.

De alguna forma, nuestros niños en el espectro pueden proveer todas estas preocupaciones y más. Ellos parecen buscar la manera más creativa de hacer que las alarmas se activen. A veces, puede ocurrir en la forma más literal. No puedo decirle cuántas veces como maestro he escuchado las alarmas contra incendio activarse en la escuela primaria, la secundaria o preparatoria. Usualmente, pasaba cuando no estaba con los estudiantes, pero no siempre. Una vez estaba caminando al salón para visitar la clase de Español para una celebración especial del Cinco de Mayo, un almuerzo. Ya habíamos hablado acerca de caminar en silencio por los pasillos, habíamos practicado los saludos a los amigos y también de no comerse toda la comida. Había practicado estos conceptos por lo menos por una semana con esta clase en particular, antes de nuestra reunión social. Usamos visuales para promover el lenguaje y así poder convivir en un ambiente comunitario.

Ahí vamos por los pasillos, los seis; cuatro estudiantes con autismo severo, mi asistente, y yo. Parecía que íbamos en cámara lenta, pero miré la palanca roja de la alarma contra incendios tan grande como mi vida frente a mí como a dos pies de distancia. Traté de correr y adelantarme para cubrirla porque parecía estar llamando el nombre de una de mis estudiantes. Antes que yo pudiera alcanzarla, sus manos ya estaban en la palanca, activó la alarma, y las puertas de los pasillos ¡se cerraron con fuerza! Hubiera deseado que ahí hubiera una gran roca en donde meterme debajo, porque esta enfermedad estaba en mí. No era que esta estudiante tuviera historial con este comportamiento porque era su primera vez, aunque no fue la última. Pronto ya teníamos historial de esta ofensa repetida. Aunque esta vez, fue inesperado. Aun así, tuve que ir directo a la oficina del director a entregar mi cabeza, por así decirlo. Bueno, seguimos, no sucedía en mis turnos porque estaba pendiente con esta estudiante en particular, pero no quiere decir que no tendríamos comportamientos imitadores o un estudiante nuevo tratando de probar sus habilidades.

Con este estudiante, mi equipo y yo, hicimos letreros que parecían alarmas contra incendios con una gran X cruzándolas. Todos nos turnábamos para practicar con ella. La llevábamos de vez en vez pasándola por todos los visuales que parecían alarmas contra incendios alrededor de la escuela y se habían puesto junto a las verdaderas alarmas, y le enseñábamos la lección "no tocar" como tres veces al día, por semanas, con la resistencia perdurable de mis asistentes conmigo.

Luego, probamos a mi prodigio caminando por alrededor de 10 alarmas en el edificio, y cuando nos íbamos acercado a las alarmas, sacábamos los visuales. Parados a suficiente distancia de cualquier desastre potencial, le preguntábamos entonces, "¿no tocar? ¡No tocar! ¡no tocar rojo!" Ella se sonrió, pero no tocó las alarmas, por lo menos, no durante las caminatas de entrenamiento. Eso no quiere decir que durante los cuatro años que esta estudiante fue mi alumna, no tuve que correr de regreso a mi salón de clase cada vez que las alarmas se activaban con la esperanza de que no hubiera sido ella. Hubo como otras tres veces que esto sucedió. Mis estrategias especializadas tenían sus límites para la generalización de esta conducta. Quiero mencionar que, con todas mis experiencias, prácticas y estrategias, en mi salón de clase, tuve un excelente equipo junto a mí. Igual que cuando enfaticé tu necesidad de un sistema de apoyo para criar a un hijo con una discapacidad, un sistema de apoyo es de igual importancia en el ambiente laboral. No tengo como agradecer a mis compañeros de trabajo por su arduo trabajo, ideas creativas y dedicación a nuestros estudiantes para asegurar que cada uno estuviera seguro, aprendiendo y feliz.

En el ambiente de primaria, tuve varias sorpresas también. Hubo varias ocasiones que las pequeñas hendiduras en las sillas de la cafería invitaron a estos pequeños amigos a meter la cabeza por ellas. Con mi clase actual, a quienes me refiero como mis "pequeños," siempre estoy pendiente de los nuevos trucos preescolares, y por suerte, sus comportamientos nunca nos han causado hacer una llamada al departamento de bomberos. Pero estas cosas pueden suceder en un abrir y cerrar de ojos, y son en su mayoría impredecibles.

Recuerdo una situación con mi hija en donde esto fue totalmente cierto. Fue una desastrosa tarde de sábado en la cual uno de estos inesperados eventos sucedió. Bri estaba sentada en su silla para bebé en el carro cantando alegremente mientras regresábamos de una larga manejada. Ella jugaba con unas tacitas para medir que se quedaron en el carro después de un proyecto de cocina en la escuela. Todo era seguro, excepto que a Bri, le encantaba meter los deditos en los objetos pequeños. Estoy segura de que fue una cosa sensorial, pero en ese entonces no sabía tanto acerca de búsqueda de sensores. Ocasionalmente miraba por el espejo retrovisor para checarla. Ella decía algo, pero se miraba bien. Luego su vocecita subió el volumen, y yo asumí por error que ella dijo una de las frases que formaban parte de su ecolalia. Comenzó a repetir cada vez más fuerte, "¡Atorado,

atorado!". También sonaba con más pánico. Yo le aseguré que ella estaba bien, no atorada. Y entonces me golpeó como rayo, la miré a la cara nuevamente y me di cuenta de que ¡estaba estresada! Me orillé y caminé a la parte trasera del carro donde encontré la peor escena posible. Ella tenía su dedito atorado en el huequito de la agarradera de plástico de la tacita para medir con la que estaba jugando. Estaba en lo correcto—¡ella estaba atorada! Ella había estado usando a lo que nosotros nos referimos como lenguaje prestado—una frase de un programa de televisión o historia para darle significado a lo que el niño está tratando de comunicar. Cómo desee haber escuchado más atentamente unos minutos antes. Esta fue otra oportunidad para sentir una tremenda cantidad de culpabilidad maternal.

Analicé la situación, miré que su dedito se ponía rojo e hinchado dentro de este pequeño orificio en la tacita. El pensamiento llego a mi mente "¿porque la dejé jugar con esta tacita?" sentí la tortura diciendo ¡Es mi culpa! ¿Cómo saco su dedito? Preguntándome, que tengo en el carro que me pueda servir de lubricante sin encontrar nada, buscaba frenéticamente. Mi pánico se disparó mientras manejaba más rápido de lo normal hacia la estación de bomberos, solo para encontrarla demasiado retirada.

Rápidamente regresé al carro con Bri estresada y la taza todavía en su dedito. La hinchazón continuaba. Encontré una farmacia en donde el fármaco escuchando el miedo en mi voz me ofreció líquidos resbalosos uno tras otro y nada funcionaba. Bri comenzó a llorar. Yo comencé a llorar. Regresé al carro, y volé por la autopista hacia el Children's Healthcare de Atlanta, el mejor hospital para niños en general y en situaciones especiales. No recuerdo como estacioné el carro o si lo hice, todo se nubló. Llevé a Bri hacia la entrada de la sala de emergencias y fui recibida por una banda de ángeles. Yo regularmente hablo rápido, pero este día estoy segura que mis palabras volaron fuera de mi boca. Traté de decirles los hechos, expliqué la tacita para medir en el dedito y expliqué el autismo. Me disculpé por traer tacitas para medir en mi carro y por dejar que ella jugara con estas. Ellos la metieron a un cuarto, trajeron unas Tijeras especiales para cortar anillos, y fue salvada.

Les tomó segundos salvar el día. ¡Gracias a Dios! Gracias por estos doctores y enfermeras talentosos que saben lo que hacer en situaciones de pánico. Me tomó meses reponerme del sentimiento de ser una idiota como padre. Fue imprevisible e impredecible, y hubiera deseado haberlo manejado mejor. Yo sé que todos, como padres, nos sentimos de esta manera de vez en cuando, pero durante tiempos como este, parece que cala más profundo para aquellos de nosotros con hijos especiales. La necesidad de proteger a un niño que no puede valerse por sí mismo es tan grande. Es una sensación de necesidad de protegerlos de todo daño, y que como padre de cualquier niño es una hazaña imposible. Entonces, seguimos Adelante, esperando que el próximo evento impredecible sea un poquito más predecible.

Con esta situación ya en el pasado, me doy cuenta de lo bendecida que soy de que mi niña no se haya metido en situaciones más precarias de lo que ella ya es. Tiene la suerte de no haber tenido lesiones más graves, especialmente por la forma en que siempre buscó lugares pequeños o apretados para exprimir su cuerpecito buscando satisfacción sensorial. Siempre me sorprendía con la forma en que jugaba. Yo pasé una Buena parte de 10 años afuera, explorando cada parque entre Georgia y Florida. Todo dependía de donde estuviéramos al momento, ya que siempre estaba tratando desesperadamente de entretener a tres niñas. Un parque siempre parecía ser una buena opción para todos. A Bri le encantaba columpiarse, aunque a veces ella ya había sobrepasado la edad y el tamaño de un bebé para columpiarse. Ella siempre se subía y antes de darme cuenta y saber lo que ocurría, ella ya estaba tratando de caber. Ella insistía en tratar de que sus gruesas piernas cupieran a través de los huecos de la silla para bebe en el columpio, antes de que yo pudiera alcanzarla. La insistencia de hacer que sus grandes partes corporales cupieran en lugares pequeños se convirtió en una pesadilla recurrente. También se metía de espaldas a la parte trasera de la resbaladilla solamente para sentir el apretón en su cuerpo forzado entre la rigidez del plástico. Por otro lado, siempre se deslizaba por el palo de bomberos en el parque cuando tenía dos años y actuaba ¡como si tuviera cinco! Mi hija mediana, Elana, que era dos años mayor que ella, ni siquiera lo intentaba. Ella tenía un mejor sentido del peligro y sus limitaciones. Bri nunca fue miedosa, lo cual quiere decir que siempre estuve al pendiente de ella como águila. Hubiera deseado saber en ese entonces lo que ahora sé acerca de necesidades sensoriales y regulación. Eso es lo que me llevó a escribir este libro. Quiero compartir contigo la combinación de lo que no sabía, como lo sobreviví, y lo que aprendí. Quiero revelar el nuevo entendimiento de lo que ahora sé.

Es una constante experiencia de aprendizaje. Yo siempre le digo a la gente dos cosas de cuando crecí a Bri. Una, que con todo lo que aprendí en la escuela con una segunda maestría en educación especial, aprendí más siendo la mamá de Bri. Segundo, las otras dos hijas que tengo y adoro fueron mucho más complicadas y difíciles de crecer que Bri. A mis hijas se los digo con risas, pero también con mucha verdad.

Existe un ritmo cuando crías a un niño con autismo. Una vez que caminaste por el desierto de obscuridad, una vez que te has enfrentado a los monstros, acepta que este es tu camino y el de tu hijo. Ellos nos necesitan desesperadamente para tomarlos de la mano, para ser su voz, y para ser el papá o mamá guerrero que pelee las peleas que ellos ni siquiera se dan cuenta que existen. Este es el precio, no es pequeño, pero vale la pena. Con cada terapia de la que eres parte, cada libro que lees, y cada padre con quien compartes tu dolor, recibes esperanza, y das esperanza. Es una vida hermosa la que se vive. Solamente necesitas tener algunos trucos bajo la manga para hacerlo más fácil para todos.

"Todos los grandes logros requieren tiempo."

—Maya Angelou

## Capítulo 15

Fundamentos de Seguridad e Independencia

Cuando Bri quería correr libre como el viento, a mí me entraba el pánico. No podía soltarla. Era tan innaturalmente rápida para una niña de su edad. Yo la perseguía, y como cualquier otro niño a ella le encantaba. Así que, cuando se trataba de correr, ese era nuestro ritmo. Cuando su cuerpecito me mostraba que era tiempo de liberarla, la sacaba de la carriola y la dejaba ser. Cuando ella paraba para mirarme, yo la perseguía entonces. Esa era nuestra hermosa danza. A todos los niños les gusta este juego. Puedo atestiguarlo, porque aún lo hago diariamente con mis estudiantes de preescolar. Algunos de mis estudiantes tienen autismo, y algunos otros tienen otras discapacidades, pero a todos les gusta el juego de corro y me persigues.

La diferencia es, con los niños en el espectro, la conexión que hay en ese momento "paro y miro a mama". En esa milésima de segundo, nos están diciendo, "Estoy aquí, ¿tú también?" es tu chance de jugar, pero también de obtener esa respuesta de conexión. Ese compromiso social de tu pequeño es muy importante. A veces viene en forma de lenguaje, pero no necesariamente. Es ese cordón invisible entre padre e hijo o entre estudiante y maestro. Tú, debes hacer de esto algo grande. Maestros, esto cuenta también para ustedes, porque debe enseñarse con precisión. Debes enseñarlo, reforzarlo, y luego mantener el contacto temprano y para siempre. Permíteme explicar. Uno de los objetivos más importantes que enseñamos es que el niño responda al escuchar su nombre. Suena muy fácil, pero con nuestros niños puede ser muy difícil, ¡y no tenemos otra opción!

Hacer que nuestros niños reconozcan su propio nombre y respondan cuando se les llama es la base de toda la seguridad con ellos. Tiene que meterse muy bien en sus cabecitas, que cada vez que le llames por su nombre, ellos deben mirarte y responder. Esto es primero, antes que cualquier otra medida de seguridad. Si se enseña consistentemente y su respuesta es consistente, cuando se encuentre en peligro, podrás llamarlo y obtener su atención. Con Bri, cantaba canciones acerca de su hermoso nombre y le hacía ritmos chistosos. Usaba juegos verbales con ella constantemente. "¿dónde esta Bri?" jugaba con ella. Decía su nombre y luego mi nombre, así seguía. Cada padre tiene su propia manera, pero la parte importante es hacer que este concepto este bien formulado en sus cabecitas. Para asegurarme que funciona, en lo que respecta a la seguridad, yo también lo practico todo el tiempo cuando no es una situación urgente, tomando en consideración de no exagerar la estrategia y entonces volverla inefectiva. Si ella está jugando, me acerco a ella relativamente cerca y la llamo por su nombre, luego la llamo por su nombre nuevamente y espero si no obtuve respuesta, lo cual ocurría bastante al principio. No recibir respuesta es la razón por la cual el oído es usualmente lo primero a evaluar en los niños, para descartar cualquier problema auditivo, primero que nada. Ellos se presentan al principio como si no escucharan. Este, sin embargo, no fue el caso de Bri. Ella podía escuchar, solo que me desintonizaba, así que yo la cogía en brazos y la llamaba por su nombre diciéndole "tu nombre es Brianna." Bri es su apodo. Le decía su nombre una y otra vez en modo de juego.

Continúe este juego hasta que funcione.

Puede sonar redundante, y pudiera parecer que nuestros niños no están enfocados o incluso que no son lo suficientemente inteligentes para aprender el juego. Aunque, lo opuesto es la verdad. Ellos simplemente están sintonizados en el canal que les gusta más, tienen superpoderes para desconectar lo que no les impresiona o llama la atención.

Entonces, ¿adivina qué?, tu como padre ¡tienes que traerlos a la realidad! tienes que ganar su atención para esta y otras estrategias, pero lo más importante es tener su atención. Vendrá, créeme. Es difícil pero importante el trabajo de los padres. Esa vez en la que tengas que llamar a tus hijos para protegerlos, estarás agradecido que su respuesta sea consistente, y que respondieron a tu urgencia. He tenido muchos corredores durante mi carrera y en mi vida, incluyendo mi propia hija. Pero esta habilidad, bien fundada, los mantendrá seguros. Inclusive si salen disparados, y lo harán, cuando los llames por su nombre y ellos respondan mirándote y parando, podrás mantenerlos seguros. A veces, basta un segundo.

Con casos más severos y corredores más intensos, tienes que cambiar el juego para que sea más reforzante que el corre y te persigo. En el entorno del salón de clase, produzco resultados positivos con este tipo de situaciones manteniendo siempre un bolsillo lleno de algo fabuloso como gomitas de fruta. Cuando un niño corre, le llamo por su nombre. Mantengo Buena proximidad y únicamente los paro por un segundo. Cuando se detienen, alábalos por detenerse y mirar. Dales el premio, así como el reforzamiento. Tienes que mantener el momentum para poder enseñar las habilidades que quieres ver durante el día. El ritmo del autismo es una corriente entre la comunicación verbal y no verbal. Antes que nuestros niños se comuniquen verbalmente, ellos están observando y mirando, no hay duda de esto. Cada niño que se ha cruzado por mi camino, incluyendo niños con el autismo más severo, entienden mucho más de lo que demuestran. Quizá se siente más seguro para ellos mantenerse en su pequeño capullo. Pero es nuestro papel, sin embargo, demostrar que están equivocados. Anteriormente, mencioné como Bri entendía mucho pero únicamente verbalizaba hasta cinco palabras. Esto no mejoró mucho hasta mucho después de su tercer cumpleaños. Era una tortura esperar para que el lenguaje llegara. Sin embargo, ella estaba justo en la línea en lo que respecta a entender mis peticiones. Si le pedía que me trajera algo, lo hacia la primera vez que se lo pedía. Ahora, para ser justa, yo estaba trabajando muy duro con ella para incrementar su vocabulario. Le etiquetaba todo y a todos todo el tiempo. Constantemente le preguntaba, "¿quién es ese?" le preguntaba, "¿qué es eso?", respondiendo con, "es una pelota. Una pelota grande." Tu entiendes. Cuando haces eso, siempre regresas a lo básico para la adquisición de lenguaje. Haciendo eso, alimentas su parte del lenguaje en el cerebro con la información que ellos necesitan. Cuando les pides que sigan tus instrucciones de ir a traer sus zapatos o algo, ellos recordarán el vocabulario que les has estado enseñando al mostrarles el objeto, persona o lugar, y luego dándoles el nombre para que aprendan y recuerden. Haz esto con cada artículo o persona en su entorno. Hazlo todo el tiempo, enseña y re enseña hasta que sea generalizado.

El lenguaje expresivo es mucho más difícil de aprender, y te tomará más tiempo. Mientras tanto, nuestros niños están absorbiéndolo todo. Si le pedía Bri que me trajera algo, era para producir este ritmo de corriente ida y vuelta. Nuestros niños construyen relaciones con nosotros, y al mismo tiempo, ellos se conectan con el objeto de que buscan. "Tráeme la pelota" es una petición que requiere escuchar, seguir la instrucción, responder a la voz, y hacer la conexión. Esto es lo mismo para cada petición y cada oportunidad de etiquetar objetos. Ese es el ritmo. Debes aprender a escucharlo y hacer que suceda con cada estrategia que implementes. Esta corriente entre padre y el niño puede ser con una mirada o un toque. Es la comunicación, así como la red de seguridad para nuestros niños. Ellos están tan atrapados en sus cuerpos que no pueden hacer lo que saben que saben. Nosotros apenas comenzamos a aprender en la rama del autismo, cuanta verdad hay en esto.

Ojalá un día, encontremos las terapias de comunicación que produzcan promesas para nuestros hijos. Hay niños con autismo que, cuando encuentran su voz, le dicen al terapeuta y sus familias lo que siempre hemos sabido. Ellos tienen sus pensamientos, ideas y humanidad completos; simplemente no tienen la organización de pensamiento, ni la habilidad de expresarlo. Pero eso no hace que no existan. Nuestro trabajo es sacarlo de ellos, lo cual no es nada fácil, sobre todo al principio, pero con el tiempo sucede. Alábalos con aplausos y canta canciones con cada mirada o respuesta que ellos provean. Es el área más importante de reforzar. Como padre, también necesitas este tipo de conexión. Sus respuestas serán pocas y muy espaciadas al principio. Con algunos niños, parecerá que no hay conexión. Pero, si hay conexión. —siempre hay conexión, no importa cuán diminuta sea.

Si tú eres padre de un niño con autismo, ya sabes lo dulces y afectivos que ellos pueden ser. Que desafortunado para las madres décadas atrás, a quienes se etiquetó como "mamá refrigeradora" y se les culpó de ser duras de corazón porque sus hijos no mostraban una respuesta típica. Esta horrible injusticia para esas familias en aquel tiempo era muy trágica. Ahora, lo que se sabe es que algunos de estos niños son hiper sensitivos debido a una deficiencia sensorial. Ellos pueden reaccionar de forma vulnerable a una caricia, un pedazo de tela o un sonido, así que, al principio, rechazan eso en su entorno. Ellos, sin embargo, no están rechazando a sus padres, Todos los niños, incluyendo los bebés en el reino animal, responden a entornos positivos que incluyen sonidos, suavidad y especialmente caricias, lo cual es esencial para su crecimiento y desarrollo. La necesidad de una caricia y de ser acariciado es vida. Los bebés que lloran y luego se calman cuando se sienten mejor tienen menos ansiedad. El ayudar a un bebé para que aprenda a controlarse es también importante para cuando tú no estés disponible. Sin embargo, de los primeros dos años en adelante, es vital mostrar amor con afección física y juegos a los niños. Los estudios ahora muestran que el afecto físico afecta el desarrollo del cerebro. Así que, abraza, apapacha y juega con ellos, hasta cuando son defensivos al tacto. Es necesario.

Algunos de los momentos más dulces con Bri, son los tiempos en los que compartíamos una conexión. En esos tiempos, yo podía obtener una respuesta de ella en la primera demanda, pero no siempre fue el caso. Ella era tan rápida y en movimiento constante, era difícil hacer que se quedara quieta por un instante. Cuando la levantaba en brazos, la miraba a los ojos directamente y hablaba con ella. Ella miraba por todo su rededor, esperando que la bajara, como cualquier bebé energético, pero más intenso. Era casi como una pelea o respuesta de vuelo y no simplemente un deseo de explorar. Yo continuaba atrayendo su atención brincando con ella en brazos, y luego paraba. La miraba y le decía "hola" de manera tan entusiasta y dramática como podía. Con el contacto directo a los ojos, entonces le preguntaba, "¿Qué quieres?" "¿Más?" le sugería. Entonces ella usaba algo de su lenguaje básico de signos y eventualmente comenzaba a verbalizar una aproximación de la palabra, "más." Y yo continuaba brincando.

Estoy segura de que reconoces el patrón ahora. Ya sea su lenguaje, actividad, o contacto visual, nosotros como padres o terapeutas debemos reforzar. Mi línea favorita de un influyente doctor y aplicada al análisis del comportamiento era que tenemos que convertirnos en un gran ¡M&M! en otras palabras, la actuación tiene que valer la pena. La moneda o precio de nuestros hijos puede ser la acción, comida, o cualquier otro número de cosas. Yo continúe con Bri para que siempre tratara de hacer el hablar con mami divertido o por lo menos premiarla brincando u otra cosa que sea divertida para ella. Esta pequeña conexión continuó durante sus años de bebé porque yo trabajé en ello hasta que fuera algo natural en ella. Tu encontrarás tu ritmo con tus propios hijos y reconocerás la conexión con tu propia familia. Preste atención a que se puede mirar diferente en varias etapas durante su Desarrollo.

Cuando Bri estaba en edad escolar, especialmente durante la secundaria, terminaba su día exhausta. Ella solía sentarse detrás del asiento del conductor en la camioneta. Yo echaba para atrás mi mano pidiendo la suya y ella me tomaba de la mano. Aprendí a saber por la forma en que me tomaba la mano, el tipo de día que ella estaba teniendo. Si había sido rápido y furioso, o si ella continuaba tomándome la mano, se traducía esto al tipo de día que tuvo y como se estaba sintiendo. Esta conexión nos ayudaba a ambas.

Cada niño es diferente, y cada padre es diferente en su estilo de comunicarse con su descendencia. Esto es más acerca de estrategias para obtener una respuesta. Incluso si eres un padre del tipo quieto o introvertido, encontrarás la manera de establecer esta conexión con tus hijos. El punto principal es ser consistente. Si estas tratando de obtener contacto visual o una respuesta verbal, sigue tratando y se flexible. Si una forma no funciona, trata otra. Algunos estudios nuevos sobre el cerebro muestran que pudiera no ser lo mejor el demandar el contacto visual debido al hecho de que pudiera ser muy adverso hacerlo con algunos niños en el espectro. El contacto visual es algo que usamos para asegurarnos que están escuchando. Aun así, para nuestros niños, pudiera haber alguna dificultad física presente para que lo haga y es algo a lo que hay que prestar atención. Si tu hijo parece oponerse al contacto visual directo, trata algo diferente. Un gran número de nuestros niños en el espectro disfruta la presión fuerte, la terapia craneosacral, o el masaje, lo cual puede ser también una forma de proveer la conexión entre tú y tu hijo.

A Bri le gustaba, y aún le gusta, que sus hermanas o yo la "apretemos." A ella le gusta presionar su cara en la de nosotros con una presión casi dolorosa. A veces, ahora pide por "apretones con cosquilla" porque está deseando la presión profunda en sus articulaciones o su columna. Esto es más que una presión profunda en nuestra casa. Le permite pedir la conexión con sus hermanas para jugar con ellas.

"Cuando hacemos lo mejor que Podemos, nunca sabemos que milagro se producirá en nuestra vida o en la vida de otro."

—Helen Keller

## Capítulo 16

### Atención Conjunta

Más adelante en su desarrollo, a medida que los niños con autismo comienzan a ver a sus padres como una persona que puede navegar su mundo por ellos, comenzarán a utilizar la atención conjunta. Según Wikipedia, "la atención conjunta o la atención compartida es el enfoque compartido de dos individuos en un objeto a través de la mirada, el señalamiento u otras indicaciones verbales o no verbales".

Explico la atención conjunta con este ejemplo: cuando un padre señala un avión en el cielo y dice "avión", un niño típico responde, repitiendo la palabra "avión" con un dedo en el aire. Esta habilidad a veces requiere mucho trabajo para enseñar a nuestros hijos en el espectro. Algunos de nuestros niños desarrollan esta habilidad de forma natural, pero la mayoría del tiempo debe enseñarse directamente. Muchos de mis estudiantes, así como mi hija, usaron mi brazo o mano para recoger algo del piso, en lugar de solo recogerlo por sí mismos. En realidad, prefieren usar las partes de nuestro cuerpo para obtener lo que necesitan, como empujar el codo de un padre para darles un vaso del cual beber. Todos estos son ejemplos de atención conjunta.

Mi historia favorita de atención conjunta con mi Bri es un ejemplo de esperar mucho tiempo para ver cómo entendió realmente lo que estaba tratando de decirle. Cuando tenía unos dos años, la llevé afuera y señalé la luna. Cada noche, hice esto con ella. Por años, levanté mi brazo y levanté su pequeña mano y dije: "Mira la luna". Ella no parecía prestarme mucha atención a mí ni a la luna. Entonces, un día, años más tarde, estábamos nadando en la subdivisión de un amigo en una noche de verano. La noche caía, y Bri, que nadaba como un pez, nadaba de un lado a otro. Ella nadó hacia mí, se subió a mis brazos y señaló el cielo, usando mi brazo para señalar también, dijo, "¡Mamá, mira a la luna!" Lloré incontrolablemente en el agua con mis amigos. Me sentí tan aliviada de que ella había estado escuchando todos esos años. Mis palabras, mis esfuerzos, no habían sido en vano. ¡Mi bebé había estado prestando atención todo el tiempo durante el curso de todos estos años! Simplemente no era su momento de devolvérmelo hasta esa noche. Es el más dulce de los recuerdos, y fue una noche de una lección valiosa. Este momento me confirmó que en el trabajo que ponemos en nuestros hijos nunca se desperdicia energía. Todo se junta en algún momento, aunque puede parecer diferente con cada niño. Como padre, sentí que tenía que hacer algo, pero en ese momento no sentía que hiciera nada más que lo que hice por mis otros hijos. Canté a los tres de mis hijos desde el vientre. Les leo los clásicos, las historias que todos los niños aprenden. Los cuidé a todos. Seguí los consejos del pediatra sobre cuándo comenzar con alimentos sólidos. Compré los juguetes y jugué afuera, probablemente más con los dos últimos, porque compré un columpio grande para exteriores con una mesa de picnic y todos los extras. Teníamos un poco más de dinero que con el primer hijo cuando éramos tan jóvenes. Los recursos nos proveían por un poquito más con la adición de dos niños más, y era una gran excusa para comprar el lujoso conjunto de juego.

El punto es que la buena crianza y el disfrute del desarrollo de su hijo, cualquier niño, es la misma en su estructura. Las cosas que pueden hacerme mirar atrás y preguntarme si hice lo suficiente para Bri son seguramente ramificaciones de más culpabilidad innecesaria. Haz lo que venga naturalmente a ti en tu crianza. Espera buen comportamiento cuando enseñes el comportamiento apropiado. Si tu niño típico no se sube a los muebles, no permitas que tu niño en el espectro lo haga. Trabaja en el lenguaje con cada respiro hasta que tengas alguna comunicación con tu hijo a cualquier nivel. Crece a tu bebé. Enseña a tu bebé. Ten en cuenta que las repeticiones para dominar una habilidad pueden ser mil veces más que con otro hijo tuyo. Sé paciente.

Las investigaciones muestran que, con los niños en el espectro, las habilidades como la lectura toman muchas más horas de trabajo para enseñar que con un niño típico. La repetición es la clave. Los patrones en la historia, el vocabulario y la relación con los personajes se construyen más fuertes con más lectura. Incluso leer la misma historia repetidamente es extremadamente beneficioso. Tal vez, si supiera entonces lo que sé ahora cuando Bri era pequeña, habría leído Los tres pequeños ositos 50 veces, en lugar de 30. No hay ciencia exacta, pero es esencial seguir las pistas que su hijo le da a usted. Su interés por la lectura o cualquier otra área de aprendizaje. Nuestros niños trabajan mejor y aprenden mejor cuando están interesados en el tema, por lo que debemos utilizarlo en nuestra ventaja. Si su hijo está obsesionado con el sistema solar, lea todos los libros que pueda sobre él. Si la historia de los tres osos es lo que más gusta a su hijo, intente leer 20 libros más sobre osos. Este tipo de agrupación ayuda a la generalización de los conceptos del lenguaje.

Cualquiera de los conceptos de desarrollo infantil que sean buenos para los niños típicos, son buenos para nuestros niños también. ¡Lee las historias, construye bloques, saca la plastilina, o pintura, y disfruta! Continúa tratando cosas nuevas, y siga sus instintos de padre con su hijo.

"Soy solo uno, pero aun así soy uno. No puedo hacerlo todo, pero aun así, puedo hacer algo; Y porque no pueda hacerlo todo, no voy a dejar de hacer lo sí pueda hacer."

—Helen Keller

## Capítulo 17

## Toma la Iniciativa

Las áreas de déficit de nuestros hijos, como la comunicación y el desarrollo de habilidades sociales, nos exigen como padres el asumir el papel principal. Es dentro del proceso de establecer relaciones con nuestros hijos que comenzamos a ver las conexiones tan necesarias para su crecimiento.

Como he mencionado anteriormente, la atención conjunta es la base de las comunicaciones y la construcción de relaciones. Si tu hijo usa tus manos para tomar un vaso, este esfuerzo conjunto te está conectando con tu hijo. Te conviertes en la conexión con el mundo exterior, así como el mediador entre tu hijo y el objeto de su deseo. Debes construir en esto constantemente. No es que tú te conviertas en el único camino para que ellos puedan funcionar al estirarte para alcanzar algo que ellos necesiten. En vez de eso, estás participando en su mundo. La mirada más pequeña de tu hijo hacia ti y viceversa es una línea de vida para mantenerlos conectados y sacarlos o jalarlos hacia un mundo más grande. En una interacción de 10 minutos, esta conexión podría mirarse algo como lo siguiente. Un intercambio de miradas entre tú y tu hijo, y luego una mirada a un Tasón en el gabinete—esta conexión abre la oportunidad de comunicación. Es posible que sepas exactamente lo que significa. Esto podría significar que un Tasón se usa para el helado. Tienes que casi sabotear el entorno en tu intento de conseguir más conexión y más lenguaje de tu hijo. Algunos niños pueden volverse muy creativos para evitar estas conexiones. Yo he mirado muchos pequeños incluyendo las propias, ir a buscar una silla más grande para alcanzar lo que quieren, en vez de hacer el esfuerzo de comunicarse conmigo.

Recuerda, la naturaleza del autismo es el estar solo, encontrar las cosas que les interesan, y mantener su mundo pequeño y seguro. Tenemos que cambiar y cambiar esos patrones con todo lo que tenemos. No dejes piedra sin mover en este proceso. Sin mirar atrás para poner a prueba mis habilidades como madre de una niña con necesidades especiales, yo constantemente estoy aprendiendo y adaptándome a sus necesidades, pero hay algunas cosas que sé de seguro. Con cada buen abrazo, cada levantada con los brazos al aire con un momento de risas, y cada baño de besos contados, era ella la audiencia de mis actuaciones más grandes, y tenía que trabajar muy duro para entretenerla y para mantener su atención. En el prestar y mantener su atención, podía hacer demandas mínimas de lenguaje y comportamientos recíprocos que la ponían en nuestro mundo y no perdida en el aislamiento. Había días en que la miraba alinear y contar sus ositos por mucho tiempo. Fue dulce mirarla interactuar en su mundo ficticio, poniendo a los ositos en círculo de amigos, y siendo feliz. Le daba algo de tiempo para su fantasía, y luego interfería contando los osos con ella, y luego le preguntaba cuántos ositos había y de que colores eran. Ella estaría lo suficientemente feliz si la dejaba sola, y yo hubiera sido también lo suficiente feliz de dejarla jugar en paz. Sin embargo, no podía—eso no era suficiente para ella. Tuve que traerla a un poco de tiempo con mamá. Tuve que hacer eso en cada oportunidad. Con suerte, te volverás más creativa después de un tiempo, y se convertirá en menos trabajo.

Aplaudir juntas, cantar canciones, cualquier causa y efecto son todas, maneras de hacer esas conexiones tempranas. A veces, acurrucarse remplaza el contacto visual. Todo contacto que es recíproco de alguna manera es un buen contacto. Es tan especial y gratificante cuando obtienes esa miradita discreta. A veces es casi visible, como un rayito—ese momento cuando estas completamente sincronizado con tu hijo—nada importa más. Te puedo decir que lo más hermoso en mi vida es el constante crecimiento de esa conexión con Bri. Se mira muy diferente ahora porque ella ya tiene 18 años. El trabajo que hice para construir la relación es evidente ahora, pero no era así cuando ella era todavía pequeña. En ese entonces, era solo cosa de mi instinto materno queriendo que su bebé sea amado y feliz.

Cada vez que he mirado sus ojos mirando directamente a los míos ha sido un regalo. Incluso ahora, cuando la recojo de la escuela y ella reconoce mi carro y viene hacia mi independientemente, y antes de los audífonos y los lentes de sol que le permitieran desintonizarme como cualquier otro adolescente, ella me da una mirada. La mirada que, si pudiera espontáneamente decir "Hola mami, hoy me divertí en la escuela." O posiblemente algo parecido. Nosotros aprendemos a leer entre líneas y la comunicación, como sea, silenciosa a veces, pero todavía evidente. Cuando ella era más joven, era maravilloso para mí cada vez que ella respondía a una petición con una mirada, o tan solo con acercarse a mí, o incluso corriendo y colgándose a mí. Eso era siempre lo máximo. Esa era la conexión que dice, "estoy aquí, justo junto a ti." Muchas veces cuesta trabajo, y requiere darte cuenta de lo que en realidad está ocurriendo y no solamente sentirlo como si fuera una coincidencia. Este es el hermoso vínculo que debes crear con tu hijo y por tu hijo. Es también esencial el permitirles establecer otras relaciones con otras personas en su futuro y en todos sus entornos. Empieza contigo. Es fácil si piensas en ello como enamorarte cada día de esa preciosa criatura y la llevas hacia un viaje increíble. Hacer esta conexión es una verdadera labor de amor que beneficia a todos en tu familia y en el mundo de tus niños.

Al maestro que lee este libro, esto también va para ti. En mis 30 años de carrera, he sido bendecida en construir conexiones con quietas almas pequeñitas quienes se esconden en los rincones, jugando con cinta adhesiva en las paredes. Con el tiempo, ellos se convirtieron en mi sombra. Requirió trabajo, creatividad, flexibilidad, y muchas ideas tiradas por la ventana para comenzar nuevamente al día siguiente y tratar algo nuevo. Es un rompecabezas. Tenemos el privilegio de llegar a conocer tantos pequeños extraños y hacerlos nuestros pequeños amigos. Acepta el reto con seriedad, haz el trabajo, y disfruta el viaje.

"Si no puedo hacer cosas grandes, puedo hacer cosas pequeñas de una grandiosa manera."

—Dr. Martin Luther King Jr.

## Capítulo 18

## Construyendo Puentes

Las relaciones que construimos comienzan con nosotros para nuestros hijos. Sin embargo, ellos también necesitan expandir sus relaciones para incluir a otros desde que son muy pequeñitos. Por razones obvias, queremos que nuestros hijos se sientan cómodos con otros miembros de la familia, amigos, y otra gente importante en nuestras vidas. Dependiendo en el orden que nació tu hijo con autismo u otra discapacidad, esto podría mirarse diferente. En mi caso, siendo Bri mi hija número tres y la más pequeña, de alguna forma esto fue como dictado para mí. Tenía el entorno natural de una hermana 11 años mayor y luego otra 2 años mayor que Bri. El entorno brindó las oportunidades de lenguaje y modelos sociales, además de la supervivencia con otras dos hermanas. Esto es para todas las familias.

La investigación muestra cómo las posiciones de los hermanos en las familias organizan el desarrollo de la personalidad, las habilidades sociales y las habilidades interpersonales. La evidencia incluso sugiere que, en función de su propia posición en la familia, podría estar mejor casado con una personalidad opuesta para tener mejores relaciones.

Ser el mayor de mi familia definitivamente influyó en cómo veo el mundo. Tener hermanos alrededor también puede ser muy útil para que los niños más pequeños se interesen en lo que hace la familia. Proporciona espacio para una gran práctica con la imitación del lenguaje. Con Bri en la posición de bebé, mis otros hijos me recordaban constantemente cómo era todo para el bebé que estaba encima de ellos. Espero que su interpretación sea sesgada, pero de cualquier manera me hace reír. Si, Bri era la bebé, quien sucedió naciera con autismo. Estoy segura de que existen muchas verdades de ambos lados. Obviamente, el niño con necesidades especiales demandaba más de mi atención, pero estoy de acuerdo con las niñas en que estaba ocurriendo un factor bebé definitivo. Lo bueno de nuestra familia es que puedo testificar con todo mi corazón que, aunque nuestro camino no fue planeado, influenció a mis niñas mayores en formas tan positivas de cómo se convirtieron en seres humanos. Estoy segura de que habrían crecido siendo los individuos cuidadosos y educadas que son. Bri únicamente añadió un elemento de ferocidad a su hermandad. La vigilaron, la defendieron y la protegieron durante toda su juventud. En los primeros años, no fue tan hermoso ni tan planeado. Como mencioné anteriormente, mientras saltaba con ambos pies hacia nuevas terapias con Bri. Tenía una niña de tres años de edad con nosotros. Ella todavía me recuerda lo torturante que era mirar a través del cristal obscuro mientras Bri "se divertía." No pude evitarlo. Las terapias tenían que hacerse. Lo hubiera hecho por cualquiera de mis hijas, pero eso no es lo que le importaba a una pequeña nenita.

Tampoco perdona mi miopía con ella. El tiempo estaba dividido en mil. Yo trabajaba y también estaba aterrada con la idea de lo que esta etiqueta del autismo significaba para mi pequeña. Estaba enseñando de tiempo completo a estudiantes de secundaria con las formas más severas y agresivas de autismo. Me estaba ahogando. Programar las terapias para después de la escuela era difícil, pero era la única forma en que podía mantener mi trabajo. Si me disculpara con mi pequeña un millón de veces, nunca sería suficiente. No puedo cambiar la historia, y para decir verdad, si estuviera ahorita en la misma posición, no sabría cómo hacer las cosas de diferente manera. Te aconsejo que, si te encuentras en el mismo predicamento, regresa a tu aldea. Encuentra a tu gente que pueda ayudar. Tu equipo de guerreros está listo para ayudar con tus horarios. ¡Pide ayuda y haz que la familia y la niñera se involucren! Yo lo intenté, lo hice todo yo sola y eso fue un error. Afectó a todos y solamente me dejó sintiéndome culpable y agotada.

Para mi hija que pacientemente esperó en la sala de observación mientras su hermanita aprendía a hablar, tú eres mi corazón y mi héroe. Bri no pudo tener mejores hermanas. Ella tiene suerte de eso, y yo también. En lo que respecta a la mayor, ella fue la ayuda más grande que tuve creciendo a las hermanas. La más grande, Amanda, a los 11 años hacía las funciones de segunda madre. Fue eso y mucho más para sus hermanitas. Una de las alegrías de tener hijos cuando eres joven es que, básicamente, creces juntos. Amanda siempre fue mi mejor amiga y una parte increíble del lenguaje y el desarrollo social de Bri. La construcción de relaciones que tuvo lugar en nuestro hogar entre hermanos siempre fue algo para contemplar, nunca hubo un momento aburrido. Mi hija mayor era tan encantadora con su audiencia más pequeña. Hubo conciertos de violín solo para Bri con su favorito, "Twinkle, Twinkle Little Star". Había canciones hechas solo para el entretenimiento de Bri. Elana era muy pequeña, pero le enseñaría a su hermana los entresijos de la vida del bebé. De vez en cuando le ofrecía a Bri un juguete para quitárselo. No dije que fuera perfecto, pero era muy normal. Con menos de dos años entre los bebés, hubo un constante debate de si Elana quería mantener o no al nuevo bebé o devolverla al hospital de donde vino.

Explicándole la vida en familia es como Bri encontró su lugar en ella. Las relaciones desarrolladas todos los días con sus hermanas. Ella era parte de un grupo, lo cual es un concepto muy importante para que nuestros hijos participen en el. Hace que conozcan su entorno con mucha más fluidez porque tienen que mantener el ritmo en que la familia fluye. Si todos estábamos amontonados en la camioneta, Bri se ponía menos ansiosa y viajaba con sus hermanas. Si jugaban en el patio de la casa, ella también jugaba. Todos los niños aprenden unos de otros mucho más rápido que muchos adultos. Esto era muy cierto con Bri.

Si sus hermanas hacían sonidos con burbujas en la boca, ella trataba de hacer lo mismo. Si ellas repetían una palabra o cantaban una canción, Bri participaba a su nivel; Recuerdo un viaje maravilloso de vacaciones mientras veníamos regreso a casa de Florida donde escuché la canción más complicada de lengua torcida saliendo de una voz angelical. Miré por el Espejo retrovisor, solo para mirar a Bri ¡cantando!, estaba totalmente convencida que era Elana, mi hija mediana la que cantaba, pero no ¡era mi bebé! De manera entusiasta le pregunté quién le había enseñado esa canción. Las otras dos de mis hijas se carcajearon como locas. Yo estaba super gozosa tratando de entender. Las hermanas le enscñaban tanto, bueno y malo por esos años. Esta fue una lección muy importante para mí para darme cuenta como la motivación juega un importante papel en su imitación. El mantener el ritmo de las hermanas era su mayor motivador, y esto trabajó una y otra vez. Todavía funciona en estos días, aunque sus hermanas ya tienen vidas adultas. Bri todavía se emociona mucho en verlas cada vez que puede.

Las relaciones con los familiares es algo que también debes monitorear y desarrollar. En el caso de mi familia, había sentimientos de dolor y desbalance en cuanto a tiempo real pasado y percibido como "con mamá". De cualquier manera, todos los niños necesitan validación y suficiente atención de sus padres. Esta batalla no la gané, pero estoy tratando de hacer mejor con mis hijas mientras crecen y sus necesidades cambian, lo cual es difícil. Como dice el dicho, la llanta chillona, cambia de vez en vez. Solo aceitas en donde se necesita. Durante mi Carrera también he visto experiencias en donde las relaciones familiares son muy buenas, y otras veces en que eran muy tirantes por varias razones. La naturaleza de la bestia es que el padre es secuestrado por el mundo de doctores, terapeutas, y evaluaciones. Esto no puede alterarse. El dinero juega un papel, y la familia también juega un papel. He visto en algunas familias en donde el niño típico se convierte en un super triunfador en la familia, tratando de compensar las debilidades de sus hermanos y de volver a la familia en su totalidad. He sido testigo del hermano enojado que causa estragos en la familia a través de comportamientos propios para tratar de obtener algo de la atención que tanto necesita. Finalmente, está el hermoso pasivo que hace todo por el niño necesitado, abandonando su propia identidad. Existen mil combinaciones de quién y lo que el hermano típico viene a ser dentro de esta dinámica familiar. Con suerte, con una cuidadosa consideración, todos los niños pueden obtener o que necesitan de la familia y salir mejor por ello.

Otras relaciones familiares también son socios dispuestos o no dispuestos en esta aventura. Hay abuelos, tías y tíos, incluso amigos que pueden ayudar a crear esta atmósfera de equilibrio y amor. Es mucho más complejo que celebrar alegremente a este nuevo niño con algunos problemas aquí y allá. En primer lugar, debe lidiar con la aceptación o negación de si algo es diferente o no del desarrollo del niño. Escuchará tantas excusas o ideas, que son bien intencionadas, pero nunca menos opiniones que las que necesita una familia. A la mayoría de las familias les toma un tiempo llegar a un consenso sobre cuál es el plan. Las consideraciones para la atención médica, la capacitación educativa y las decisiones terapéuticas pueden ser discutidas en una familia de mentalidad abierta o en la realidad.

En nuestra familia, la realidad era que todos me contaban cosas sobre Bri que no podía ver, ni quería. Dije antes que no estaba lista para admitir su discapacidad y que estaba dispuesta a luchar contra cualquiera que dijera algo diferente. Una vez pasada esa negación, la imagen se hizo más clara para mí. Los bebés son bebés, y no es diferente para nuestros niños en el espectro. Los abuelos sostienen, miman y disfrutan a sus nietos, que es como debe ser. Hacer que la familia confié y también expresen tus propios sentimientos de insuficiencia en este proceso y nuevamente, poder pedir ayuda es esencial. No será fácil en todo momento, puedo garantizarlo.

Como padre, serás protector con tus hijos y creerás que solamente tú puedes entender el caleidoscopio de sentimientos que estas teniendo. Tus instintos se exageran con un niño que no puede hablar en el marco típico. Estas cuidando a este niño como padre o madre león. Estás en una búsqueda de locos para encontrar al médico, terapeuta o un tratamiento adecuado que salve a tu hijo. No duermes sin soñar con tu hijo y sus necesidades—no tiene fin. Puedo decirte que ha sido de esa manera para mí por los últimos 18 años. Ellos están en tu mente todo el tiempo, por lo que es importante desarrollar las conexiones familiares para poder tomarte un descanso. Tu niño necesita saber que otras personas en la familia y la familia extendida son también un refugio seguro para ellos. En mi propia familia y familia extendida, hubo ofertas de oración, simpatía, y a veces dinero. Todos fueron actos de amor hacia Bri. Mi esposo trabajaba las 24 horas del día para asegurar que ella y el resto de la familia estuviera protegida financieramente, esto era todo a parte de nuestra dinámica familiar. Cada uno estaba ofreciendo lo mejor. Yo necesitaba más, pero en ese tiempo no lo sabía, lo más seguro es porque yo era un maestro de educación especial y supuestamente sabía lo que hacía. Yo tome las batallas más grandes para mí misma, con mis otras dos hijas a mi lado. Es por eso por lo que sugiero tratar de mirar la fotografía completa por el mejor interés de todos. Por esta razón, te imploro que pidas toda la ayuda que puedas obtener. Así como con cualquier niño, hay veces en la vida que tu simplemente necesitas un descanso. Necesitarlo y tomarlo son dos cosas muy diferentes cuando no tienes un sistema de apoyo formado.

Trabaja en tu base y obtén apoyo para ti y tu hijo a través de la familia o estudiantes universitarios que quieran aprender acerca de educación especial o intereses similares. Elije a cualquiera con quien sientas que supervisara efectivamente y te dará el tiempo que necesitas. Nuestro trabajo como padres de niños pequeños con autismo puede ser complicado en el mejor de los casos. Para ser honesta, parte de la razón por la que no dejaba a Bri con nadie excepto ocasionalmente con mi familia era porque era demasiado el trabajo de preparación para salir. Yo sentía que pagaba el doble porque en mi ausencia sucedían algunos chanchullos locos. Por ejemplo, podía solo ser una cocina sucia porque deje a las niñas a cargo, o regresar a casa y tener a Bri con mis porcelanas chinas finas alineadas porque tendrá una fiesta de té para todos sus animales de peluche. De cualquier forma, aprendí que una cocina sucia se limpia, y el tiempo para recuperar tu salud mental es más importante. Algunos de los trucos que empleaba era prepararles el área de juego o una mesa llena de cosas divertidas para que ella hiciera y que no eran tan usuales, hacia mi ausencia menos dramática, y le daba tiempo a ella de explorar algo nuevo. Durante este tiempo, cuando Bri era más niña, le compré unas tacitas interesantes para que pusiera sus crayolas o un papel muy grande para que ella dibuje con el caballete o cualquier cosa nueva para ella. Presentar los mismos juguetes en diferente forma mantenía su interés y le permitía explorar independientemente con artículos de arte o juguetes. Ampliar sus intereses o mostrarle cosas nuevas también la ayudaba a generalizar habilidades previas y realmente la mantenía ocupada por largos periodos de tiempo para esas ocasiones en casa o fuera de ella cuando hacía falta un poco de tiempo para mamá. A nuestros niños les encanta abrir contenedores, checar su contenido y luego volver a armarlos. Ten cuidado con aquellos pequeños a quienes les gusta poner objetos pequeños en varios orificios. Unos cuantos botellones nuevos o piezas de plástico los mantendrá entretenidos y ayudará en sus habilidades motoras. Encontrar cositas para meter en ellos o monedas para empujar por los orificios en las alcancías son también buenas maneras de mantener sus manitas ocupadas aprendiendo y explorando.

Yo solía buscar las ventas de temporada en las tiendas para conseguir alcancías chistosas en forma de tiburón o cerditos de peluche. A Bri le encantaban esos portamonedas de plástico. Le ponía todo mi cambio enfrente, y ella se mantenía ocupada. A medida que nuestros hijos crecen, puede usar las monedas también como una oportunidad de lenguaje para etiquetar las monedas y comparar su tamaño. Aproveche cada oportunidad para enseñar múltiples capas de habilidades.

Siempre recuerde que nuestros niños con autismo son inteligentes a su manera, y llenarlos con nueva información en un ambiente natural siempre es beneficioso. A Bri todavía le gusta poner dinero en contenedores hasta hoy, aunque ahora ha descubierto el poder de compra del dólar todopoderoso, así como una tarjeta de crédito.

Algunas cosas son universales en la forma en que aprenden lo que les dará las cosas que desean. Por ejemplo, cualquier pieza de un rompecabezas antiguo o partes de juegos antiguos se pueden reutilizar para diferentes juegos o formas de explorar, etiquetar y jugar. Otro elemento que puede mantenerlos ocupados, así como la comprensión de nuevos conceptos, es el papel cuadriculado antiguo pegado en la pared. Sabemos, especialmente cuando son pequeños, que la posición vertical de usar una pequeña dirección hacia arriba y hacia abajo de sus pequeños brazos, como cuando pintan, ayuda a fortalecer sus músculos. Es como si estuvieran ejercitando y pintando al mismo tiempo. El buen trabajo motorizado promueve un comportamiento calmado y el desarrollo del lenguaje, así como simplemente disfrutar de la actividad. En casa, con Bri, usaba una plantilla para que ella coloree o pinte, era grande. (también uso una plantilla en mi salón de clase.) Coloco el gran contorno de un oso, o simplemente papel, y dejo a los niños decirme lo que pintaron. Esto reitera el punto de que tantos niveles sean necesarios para enseñar y todo puede hacerse en una sesión de cinco a diez minutos con los materiales correctos, el tiempo y espacio que los niños necesitan.

Muchos de nuestros pequeños en el espectro pudieran tener actitud defensiva táctil. Lo cual quiere decir que ellos no quieren tocar nada que no les guste. Crema de afeitar, pintura, crayones, cualquier cosa puede disparar un acercamiento defensivo para trabajar con estos materiales. Además, puede ser causado por olores fuertes, la sensación de un producto, o cualquier otro número de factores sensoriales. Esto ocurre tanto en mi salón de clase preescolar con necesidades especiales, así como con Bri, pero no quiere decir que dejes de exponerlos a nuevos elementos. Lo que haces es proveer la exposición en dosis pequeñas, y colocar los artículos en la mesa o el caballete a su nivel. Permíteles explorar en su propio tiempo. Si su tiempo es nunca, entonces necesitas ser creativo en la manera que conseguirás que traten un poquito, incluso si esto dispara una respuesta negativa. Si ocurre un fracaso total, puede ser que solamente no es su tiempo y/o pareciera que es abrumador al momento, detente. Solo asegúrate de tratar nuevamente más tarde, como en unos cuantos días para darles otra oportunidad de tratar cosas nuevas. Siempre permíteles varias experiencias con cosas nuevas a tratar

¿Qué más necesitas para crear un paraíso sensorial para tus pequeños con autismo? El mundo está en tus manos hoy en día, con Pinterest y muchas tiendas de manualidades, pero ¿cómo saber qué poner en un recipiente sensorial? Por suerte, muchos sitios web fabulosos ahora entienden nuestro vocabulario básico de los ambientes estimulantes y calmantes sensoriales. Para empezar, no necesitas nada sofisticado, así que no te preocupes por salir corriendo y gastar mucho dinero. Probablemente tienes lo básico en la casa.

Usé frijoles en una mesa de arena y agua. Tenga en cuenta, sin embargo, que los frijoles brotan. Pero eso está bien si eso sucede porque entonces tienes una actividad de jardín automática. El agua, el arroz, los frijoles, la pasta y la arena son excelentes herramientas sensoriales para colocar en sus cubos pequeños o grandes. Los niños necesitan sentir las diferentes texturas que corren por sus manos para obtener información sensorial, lo cual es cierto para el buen desarrollo de todos los niños. Se puede usar todo tipo de tazas, tazones, cucharas y otros utensilios para ayudar con el juego sensorial y de simulación. Me gustan los productos de arena cinética que están disponibles para moldear. La arena no se adhiere a sus manos, así que ayuda a nuestros pequeños que son táctil defensivos.

Recuerda, todas las actividades deben combinarse con el lenguaje. Si a su hijo le gusta correr los frijoles con las manos, tome un puñado y cuente con ellos. Colóquelos en la cara y simule que son sus ojos o nariz. El lenguaje lúdico y los ejemplos siempre son beneficiosos y expandirán tu sesión de juego. El agua también es popular para verter, medir y explorar sensorialmente. Me encanta comprar los juguetes de arena al final de una temporada en algunas de las tiendas de cajas grandes y usarlos en la mesa de agua. Algo de aprendizaje real tiene lugar cuando los niños observan el agua que fluye a través de los molinos de viento o embudos. Otra forma de ampliar el juego con agua es utilizar juguetes como peces de plástico o criaturas marinas que deben recoger con las manos o con una caña de pescar. A veces voy a las ferreterías más grandes y consigo pequeñas palancas de madera para convertirlas en cañas de pescar. ¡Puedes poner imanes en un pez de plástico, atar una cuerda en la caña y pescar! También puedes practicar etiquetando los colores o nombres de los amigos del mar. Este juego de aprendizaje puede ser horas de entretenimiento y satisfacción sensorial, así como el desarrollo del lenguaje. En mi salón de clases donde el tiempo es de tanto valor, los estudiantes me ayudan en el proceso de construir o hacer algo como la caña de pescar si es posible. Medimos el hilo, practicamos con imanes antes de ensamblar y en pocos minutos, cuando el proyecto está listo, ellos participan en la creación del producto final, y entonces jugamos.

Disfrutar estos momentos con tu hijo ayuda también a normalizar el juego de las sesiones terapéuticas. También es terapéutico, pero igual puedes disfrutar de un tiempo regular con tu hijo mientras creas recuerdos divertidos. Siempre estas cambiando sus vías neuronales en el juego y con la enseñanza incidental, pero a veces es ¡solo por diversión!

Otra gran actividad práctica es la jardinería. Investigue un poco sobre lo que crece estacionalmente en su área. Es mejor si buscas plantas o vegetales de rápido crecimiento. El uso de algo que ilustra una causa y un efecto inmediatos, especialmente con los más pequeños, ayudará a desarrollar la comprensión de la jardinería. Nuestros niños no tienen un tiempo de espera natural, por lo que cuanto más rápido crezcan como los frijoles, mejor. A los niños pequeños les encanta jugar en la tierra. Algunos de nuestros niños no lo harán al principio, pero comienza desde que sean muy chicos. El uso de guantes para jardín y usando pequeños vasos de papel y herramientas para jardín de plástico puede ser menos intimidante sensorialmente para algunos de nuestros jardineros menos entusiastas. En el salón de clase, nosotros plantamos, y luego replantamos en el jardín. Al final del semestre, los preescolares pueden contarle o mostrarle todos los pasos de la siembra.

"Las semillas, el agua y la luz solar ayudan a las plantas a crecer" fue nuestro mantra visual y verbal todos los días. Mostrarían a cualquiera dispuesto a escuchar lo que estábamos cultivando: rábanos, lechuga y zanahorias. Como clase, incluso intentamos una fiesta de prueba de sabor con nuestros vegetales. Algunos niños eran verdaderos catadores porque habían participado en todo el proceso y tenían una gran inversión. Puedes cultivar un jardín en una escala más pequeña en tu propio patio trasero. ¡La experiencia merece la pena!

Independientemente de los materiales que tenga a mano, juguetes viejos, objetos pequeños o materiales orgánicos, simplemente póngase a trabajar con su hijo y explore. Observe cómo crecen sus intereses y su lenguaje. Junto con la configuración de áreas de juego para necesidades sensoriales, estos otros entornos también pueden ser un lugar para abordar sus déficits.

Las necesidades sensoriales son muy complejas y diferentes con cada niño y en diferentes momentos. Algunos de nuestros niños solicitarán apretones o toques adicionales a través de las palabras o el lenguaje corporal. Algunos necesitarán que usted tome la iniciativa con protocolos de cepillado o toques suaves con diversos materiales. Es parte de la dieta sensorial de su hijo y se inicia mejor con su terapeuta ocupacional. Sin embargo, aún puede seguir el ejemplo de su hijo con la comunicación que le brindan en esta área.

Nuestros niños todavía necesitan tiempo de inactividad y juegos no estructurados para explorar y encontrar sus intereses. Permítelo diariamente y en varios intervalos. Úsalo como esta vez para ver y escuchar cómo están viendo su mundo, y luego puedes participar en su nivel de juego. Es un acto de equilibrio constante de dejar que nos muestren, y luego nosotros les mostramos. Para ellos, mucho del disfrute puede estar en alinear sus carritos o juguetes. El orden y el patrón de su elección es su manera de mostrarnos sus pensamientos. Está bien. En realidad, es bueno y hermoso, uno solamente se debe permitir de vez en cuando, pero alábelos. Sus cerebros trabajan diferentes, y ellos son niños inteligentes con sus ideas propias. Tienen mucho que aprender a participar en nuestro mundo, y debemos tomar ventaja de esos momentos de enseñanza y llenarlos con conocimiento. Pero recuerde, ellos todavía son pequeños y necesitan hacer a su manera parte de su día también.

"Siempre parece imposible hasta que se hace."

—Nelson Mandela

Capítulo 19

Sensorial y El Sueño

Con Bri, era descaradamente obvio que ella era la niña más buscadora-sensorial en el planeta. Puede ser una pequeña exageración, pero créeme, ella está solamente a un segundo de distancia de cualquier otro pequeño astronauta volando en órbita a ritmo constante. Desde sus primeros pasos, ella estaba en movimiento. Si subía una escalera, podía (y lo hacía) subía a cada una de ellas. Ella podía subir caminando las escaleras con un galón de leche o con cinco Elmos en las manos, eso no la detenía. Ella fue una niña naturalmente mimada, era muy fácil de cargar y nunca se quejaba. Nunca requirió de muchos apapachos, pero yo no me podía resistir. Se tranquilizaba fácilmente con un chupón/chupete, y se le acostaba en su cuna sin ninguna resistencia. Ella recibió muchos abrazos y apapachos de nuestra familia, incluyendo su hermana de 2 años y al principio de su hermana de 11.

Una de las señales más tempranas del problema de regulación sensorial se centraba en sus patrones de sueño. Yo despertaba puntualmente alrededor de las 2, 4 y 6 A.M para amamantarla. Sabía que no tenía hambre, o por lo menos no debería. Aun así, ella amamantaba rápidamente y se volvía a dormir por solo otras 2 horas. Sus patrones de sueño, no llamaron mi atención, porque para entonces ya era madre de tres y sentía que sabía lo que hacía. Otros bebés tienen patrones de sueño muy difíciles. Nada resaltaba que llamara mi atención, excepto que nunca fue buena para tomar siestas. Yo me preguntaba si para su edad, ella estaba durmiendo lo suficiente. Parecía estar bien con lo mínimo, lo cual no cambió durante su infancia. Ahora, la mayor de mis hijas era similar en su sueño, así que, una vez más, no me alarmaba. Mirando atrás, después de haber aprendido todo acerca de las dietas y regulaciones sensoriales, ahora cuestiono esos patrones de sueño. El sueño era un área que notar, pero además estaba también el estrellarse con cualquier cosa, con todo. Ella no simplemente subía a los sillones, corría hacia ellos, los abrazaba fuerte y luego se subía, rodaba en el, se caía, y repetía todo. No había escalera que estuviera fuera de sus límites. Su cuna era un mini trampolín, y ella ya estaba levantando una pierna para bajarse ¡antes de los 10 meses! Tuve que haberme dado cuenta de lo que me venía, pero no lo hice en ese entonces. Para ella, buscadora sensorial significaba querer abrazos, apretones, presión, y cosquillas en casi cualquier arena, y ¡nunca era suficiente! Ella desarrollo pequeños juegos con sus hermanas e intentaría hacerles cosquillas para que a ella se le hiciera cosquillas. Esta insaciable necesidad del apoyo extrasensorial se ha mantenido en ella. Algunos niños son así y lo mejor que podemos hacer es enseñarles a pedirlo cuando sea posible y también a auto regularse (controlarse). Deles tantas oportunidades de estimulación y regulación sensorial como sea posible.

A Bri, le encantaban las sábanas peluditas y aún le gustan. Cuando la miro comportándose excesivamente hiperactiva, pongo una de estas sabanas en la secadora por unos minutos para que se caliente y con ella la abrazo cubriéndola. No solamente la ayuda a calmarse, pero le permite dormir mejor. Cuando ya estaba lo suficientemente grande, continuamente se le miraba caminando por toda la casa con la cobija en mano, y la escondía si era necesario. En ese entonces teníamos un perrito del que ella no estaba tan convencida, lo que hacía era cubrirse de pies a cabeza con su cobija y acechaba para ver lo que el perrito estaba haciendo.

Después de la etapa de cuna, yo mantuve los peluches, almohadas y sabanas extra en su cama para que ella pudiera acurrucarse si necesitaba. A veces, se escondía en el closet de la hermana debajo de todas las sabanas, aún lo hace cuando está molesta, aunque ya casi no quepa en ese closet tan pequeño. Peek-a-boo y el juego de las escondidas se convirtieron en las maneras favoritas de añadir lenguaje a su juego sensorial. Otra área de regulación sensorial que noté ahora que lo pienso, era su necesidad por el chupón/chupete. Todas mis hijas usaron chupón—unas más tiempo que otras—así que nada de eso me parecía diferente. La diferencia con Bri era que, si ella tenía el chupón en la boca, nada más importaba o registraba con ella. Era como demasiado calmante.

Un día, llego a casa del trabajo, y Bri tenía puesto un abrigo azul de crochet que su abuela le había tejido. Estaba contenta y feliz. le quité las ropas y noto una hinchazón en su muñeca del tamaño de una pelota de golf. Me asusté, e inmediatamente la llevé al pediatra. Resultó que una abeja o avispa la había picado cuando estaba en la carriola mientras estaba de paseo con la abuela caminando, y ella no soltó una sola lágrima. De hecho, por horas ella no mostró incomodidad alguna, lo cual, de seguro, no era buena señal. Ella exhibió un retraso o ausencia de notificación al dolor, además, la habilidad de simplemente continuar chupando el chupón sin mostrar indicación alguna de dolor. Esa lección me enseñó a checarle el cuerpo de vez en cuando, solo para estar segura.

Sensorial no es solamente acerca de abrazos suaves o apretones, a veces, es acerca de la pura necesidad de saltar al aire de repente. Creo que saltar fue una de las maneras más naturales en que Bri desarrolló algunas más de sus habilidades de lenguaje. Ella se entretenía mucho con su hermana y sus amigos quienes la columpiaban o brincaban con ella en brazos. Le pusieron de nombre a este juego, el "Whoopa, Whoopa," porque así es como Bri lo etiquetó. Amanda, la mayor de mis hijas, lo jugaba con ella mientras le cantaba "Oompa Loompa" canción de *Charlie y la fábrica de chocolates,* que es también como el nombre se escogió. Buenos recuerdos—Ese era su juego, al que ella le puso nombre, y se ha quedado en nuestra familia hasta la fecha. Mientras Amanda estuviera brincando con ella en brazos, Bri estaba en su juego "whoopa whoopa"–y era grandioso. Las interacciones sociales, la lengua, relacionarse, y todos los otros bloques a construir estaban en el lugar para la participación familiar.

Adelantándonos rápido a nuestra vida actual, ahora los roles se han invertido. Bri ya es más alta que su hermana por lo menos cuatro pulgadas y la puede levantar si quiere. Lo maravilloso de esto es como su relación con este juego y entre ellas ha perdurado.

El tema recurrente entre nuestros niños con autismo cuando están en su desarrollo son sus relaciones. Nunca, ni por un minuto creas que existe un niño con autismo que no quiera o necesite una relación con sus padres, hermanos, compañeros de grupo, amigos, o familiares. Eso está muy lejos de ser verdad. Sus situaciones pueden mirarse diferentes, porque ellos tienen que lidiar con la ansiedad y tienen intensificadas reacciones sensoriales al tacto, la cercanía, luz, y sonido. Estos problemas no son los mismos, ya que solamente difieren en distancia y el tiempo en que físicamente abordamos estos problemas. Una relación se construye en cada minuto de la vida de su hijo. Cada mirada de su visión periferia, un comportamiento de indisciplina, o incluso un grito, es la manera de nuestros niños decir, "Aquí estoy" y "¿Qué sigue?". Todos los comportamientos son un intento de comunicación y deben traducirse como una orden de hacer una conexión verdadera. Profesionalmente he visto no menos de 50 niños con autismo en entornos diferentes y esto es verdad en todos los casos. Pueden correr, esconderse, golpear, o actuar cualquier número de comportamientos, pero su lenguaje corporal es su comunicación, y tú necesitas escuchar.

Me encanta conocer nuevos niños con autismo y mirar lo rápido que puedo encontrar su lenguaje secreto y su manera de comunicarse. Temprano en mi carrera aprendí, antes de Bri, a pasar horas buscando por la señal más mínima de reconocimiento. Como padre, uno desarrolla un sexto sentido con cualquiera de sus hijos, pero nuestros nenes en el espectro dependen en ello mucho más. En cuanto a un poco de agresión o golpes, pudiera ser incluso sorpresivo para el niño tanto como para el adulto el ser golpeado. Con todos sus comportamientos que necesitan ser redirigidos, la agresión también necesita atenderse, pero no antes de que trates de saber cuál es el problema con el niño o que es lo que trata de comunicar. Con comportamientos más severos, el niño necesita recibir reforzamiento para los comportamientos apropiados, así como reglas para comportamientos de cuerpo-calmado.

La enseñanza de las emociones a través de historias y otras estrategias son efectivas en el momento de la pre-enseñanza. Cuando demuestran agresión, ésta debe ser tratada con una respuesta rápida y firme. Aunque el niño pudiera no hacerlo a propósito, no pueden andar por ahí empujando y golpeando, pues esto también interfiere con su independencia más rápido que cualquier otra cosa. Enseña y refuerza las maneras apropiadas en que ellos expresan sus emociones desde la edad más temprana posible. ¡se consistente! No es nunca demasiado pronto para enseñarles buenos modales. No permitas inclusive a un bebé pequeñito, morder, porque rápidamente se convierte esto en un hábito difícil de romper. En algunos casos, el terapeuta ocupacional sugiere usar artículos orales como un collar masticable para ayudarles con sus necesidades orales exageradas. Cuando a un niño pequeño se le permite morder por frustración, existe la posibilidad de que ese comportamiento perdure hasta sus años adultos y eso no es algo con lo que tú vas a querer lidiar.

A menudo me pregunto qué clase de infierno personal debe ser para nuestros hijos en el espectro. Ellos están tratando desesperadamente de darnos un mensaje, pero no pueden, por lo cual nosotros tenemos que trabajar muy fuerte en los básicos de la comunicación en cualquier manera posible. He visto con los niños más abajo inclusive, que cuando se les otorga el reforzamiento correcto, usualmente comida, puedes por lo menos obtener una mano para alcanzar o contacto visual parcial. Solo presta atención a los detalles, y continúa tratando. Nunca te rindas con que un niño sea capaz de comunicarte algo, porque eventualmente lo hará. Desde el gesto más insignificante, a partir de este puedes avanzar. La meta principal, al principio, es simplemente conseguir entendimiento básico y algo de control para que el niño no esté constantemente frustrado debido a sus necesidades insatisfechas.

"Su oído escuchó más de lo que se le dijo, y su lento hablar, tenía connotaciones no de pensamiento, sino de comprensión más allá del pensamiento."

—John Steinbeck

## Capítulo 20

## Empieza con lo Básico

El orador más influyente del cual he tenido el privilegio de aprender es el Dr. Barry Prizant. El cambió mi vida. Bri tenía como dos o tres años cuando viajamos a Las Vegas para escucharlo en una conferencia. Apenas me estaba acostumbrando a la idea de tener un hijo con discapacidad en este entonces, así que cuando lo escuché, yo todavía estaba en mi rol de maestra.

Años más tarde, fue cuando realmente pude apreciar su mensaje en la manera en que estaba enseñando a mi propia hija, así como a mis estudiantes. La esencia de su conferencia estaba en presentar su modelo SCERTS. Básicamente, Comunicación Social, Regulación Emocional, Apoyo Transaccional o SCERTS (sus siglas en Inglés) es la esencia de todo lo que necesitamos para ayudar a nuestros hijos a usar su comunicación y comenzar a participar en el mundo a su alrededor. En pocas palabras, describió cómo debemos considerar las necesidades básicas que se están satisfaciendo primero. ¿Tiene hambre el niño, está cansado o necesita ir al baño? ¿Hay alguna sensibilidad táctil que les moleste? Estas son preguntas a tener en cuenta. Luego, describió cómo hacer que la comunicación sea funcional haciendo que el niño participe en actividades que promuevan el lenguaje. Algunos de los ejemplos fueron hacer palomitas de maíz con un tronador (Popper) de aire. He usado esta herramienta tanto con Bri como con mis alumnos a lo largo de los años. Siempre tiene un éxito.

Para involucrar a los niños en una actividad, como hacer palomitas de maíz, usarás el olor y los sonidos para atraerlos a la actividad. Participar es solo diversión para ellos. Los juegos de lenguaje que provienen de tal actividad son numerosos, desde la enseñanza del sonido P básico hasta las palabras que riman. También puede hacer que los estudiantes soliciten palomitas de maíz, etiquetar las palomitas de maíz, secuenciar los pasos para hacerlo y más. Utilice su lenguaje receptivo, lenguaje de señas, sistema de comunicación de intercambio de imágenes o cualquiera de sus formas actuales de adquisición de lenguaje con esta actividad. Es una buena estrategia para obtener la mayor comunicación y la interacción social. La conexión social también es clave porque, mientras usted hace palomitas de maíz, está comprometido con su hijo o con un grupo pequeño. Puede hacer esta actividad con el hermano del niño, pero está orientada hacia pares o grupo. La emoción que viene de esta actividad es contagiosa.

Además, cocinar cualquier cosa, hacer limonada, jardinería, artes y manualidades, son todas buenas opciones para promover el compromiso. Cualquier cosa que requiera pasos a seguir es excelente. Tu objetivo es que los niños se comuniquen y compartan la acción con amigos. El punto es que tenemos tantas oportunidades como creamos para hacer que el niño, que puede sentirse más seguro al no participar, quiera unirse a la actividad. Siempre que parezca divertido, podemos atraer a su pequeño espíritu tímido para ver qué está pasando en la cocina o en el aula. Podemos hacerlo interesante con los aromas de los alimentos, o batiendo con la cuchara en el tazón o enchufando un aparato para ver cómo funciona una máquina simple. Reforzar la participación, aunque sea un poco. Simplemente anímelos a estar en la misma habitación si es allí donde se encuentran sus límites.

Cuando Bri era más joven, le encantaba mirarme hornear o usar la batidora de mano. Le encantaba, pero ¡tenía un miedo mortal al ruido! Siempre ponía la batidora en velocidad baja, y cuando ella se escondía detrás de la pared, paraba de batir. Cuando la miraba espiando nuevamente con curiosidad, la encendía nuevamente. Teníamos un jueguito divertido. No estoy tan segura de nuestros productos horneados, pero con el tiempo siempre conseguíamos terminar alguno.

Con el tiempo, ella comenzó a participar con más responsabilidad e involucramiento. Le pedía que se alejara unos pasos antes que comenzara el ruido para aliviar su ansiedad. Enseguida, le entregaba los moldes de las magdalenas para que los ponga en la charola de hornear. Mientras lo hacía, decíamos los colores, contábamos de uno en uno, y finalizábamos con un producto terminado.

Como maestro, en el ambiente escolar, también implemento estos pasos importantes con cada tarea que doy a mis estudiantes. La naturaleza de los niños en el espectro es terminar la tarea la más rápido posible, o escapar de ella en cuanto sea posible. Muchos de mis estudiantes aún se encuentran en la etapa de desarrollo en que se hacen las cosas rápido o se tiran, y cuando se les presenta un trabajo con materiales como las piezas de un rompecabezas, ellos prontamente las tiran debajo de la mesa o las avientan de lado, cerca de otro estudiante. Trato de intervenir con este comportamiento usando manteles con sus nombres como límites de trabajo entre ellos. También les doy canastas para poner sus piezas de rompecabezas o tareas de construcción en papel, y los hago responsables de mantener sus artículos en su canasta. Al igual que otras lecciones, esto se enseña con consistencia, incluso los más pequeños aprenden con la rutina y desarrollan buenos hábitos de trabajo. Definitivamente ténemos que interferir en su intento de escapar, pero también debemos promover un minuto más de participación y envolvimiento, escalando estas habilidades hasta que la tarea se complete. Es muy importante enseñarles que cada tarea tiene un comienzo, una parte media, y un final, que no paramos hasta que no llegamos al final, si es posible. Comienzas enseñándoles pequeños pasos. Por ejemplo, después de hacer que Bri pusiera los moldes de las magdalenas en la charola para hornear, la graduaba para el próximo trabajo. Le daba el servidor de helado para medir la masa. Ella podía medir lo suficiente sin hacer un desastre, y otra vez, usando la correspondencia uno a uno. Cada paso se convierte en suyo, y luego hacer magdalenas se volvió su trabajo. Tenga en cuenta, que estos problemas o desordenes no son los que tiene que preocuparle. Puede establecer límites, pero debe tener mucho cuidado de reprimir su participación pensando en el proceso de limpieza. Este tipo de tiempo creativo es importante en muchos niveles.

Las oportunidades de lenguaje son lo que sea que tú las hagas. A Bri, le pedía que mirara las indicaciones y fotos en uno de los lados de la caja de harina para pastel. Ella encontraba la foto y decía, "Uno, Dos, ¡Tres huevos!" yo respondía, "Así es, tres huevos" Ahora, ¿Dónde están los tres huevos?" Y ella iba al refrigerador, sacaba los huevos y los contábamos juntas. Todo es una lección que puede hacerse en tantos pasos como sea necesario. Lo primero que enseñamos en educación especial es el análisis de las tareas. Por definición significa dividir los pasos, reforzar con forme avance, y repetir. Cualquier proyecto o actividad que requiera participación o acción completa se puede convertir en una actividad socioemocional de promoción de lenguaje. Se creativo y construye en el inventario de intereses de tu hijo.

Numerosos proyectos manuales o actividades de cocina también pueden dirigirse a este tipo de cooperación de tu hijo, y el entorno ayudará a construir su lenguaje y conexión social. Exploré las secciones de liquidación en las tiendas de pasatiempos para encontrar algo que pudiera despertar los intereses de mi hija. A veces, era una pajarera para pintar o una casita de jengibre para armar, pero esa es la idea. Por naturaleza no soy una persona manual, aunque como maestra que soy, debería. Aprendí con cada hija y cada proyecto que no necesitaba complicarlo. Al principio, cuando comenzaba a enseñar, Pinterest y tiendas como la sección de manualidades y arte en Michel o Hobby Lobby no existían, hasta donde recuerdo. Enseñar y trabajar con niños es mucho más divertido y fácil con estas herramientas y recursos modernos. El punto es que cualquiera puede hacer estas cosas, no es difícil encontrar una actividad para compartir con tu hijo que disparará el tan deseado lenguaje y oportunidades de socializar.

La parte "ER" del modelo del Dr. Prizant es la Regulación Emocional difícil de alcanzar. Cuando un niño se siente seguro y sus cuerpos están en control, son más receptivos al aprendizaje. La regulación emocional es otra área donde se consideran primero las necesidades básicas del niño. Debe asegurarse de que no haya problemas subyacentes, como hambre, sueño, sed, ir al baño, alergias o enfermedades. Los padres generalmente están sintonizados con todas estas variables por naturaleza, pero los maestros también deben considerar estas necesidades humanas básicas antes de comenzar a enseñar una actividad. (Tenga en cuenta que los adolescentes imitan a los niños pequeños en lo que respecta al sueño y las necesidades de hambre, así que considere estas variables para niños de todas las edades, no solo para los más pequeños). Ninguno de nosotros, las personas típicas o los adultos están más allá de la naturaleza de no ser exactamente emocionalmente regulado. Si no te sientes bien, y vas a trabajar con una resaca/cruda, o simplemente peleó con su cónyuge antes de trabajar, no será la mejor persona en su negocio ese día. Lo mismo vale para nuestros hijos. Para que sean lo más accesibles a lo que queremos enseñarles, deben estar libres de estrés o alguna ansiedad que pueda perjudicar sus esfuerzos.

"He aprendido que aprendes mejor al modelar. ¡Si quieres que la gente aprenda, hazlo!"

—Leo Buscaglia

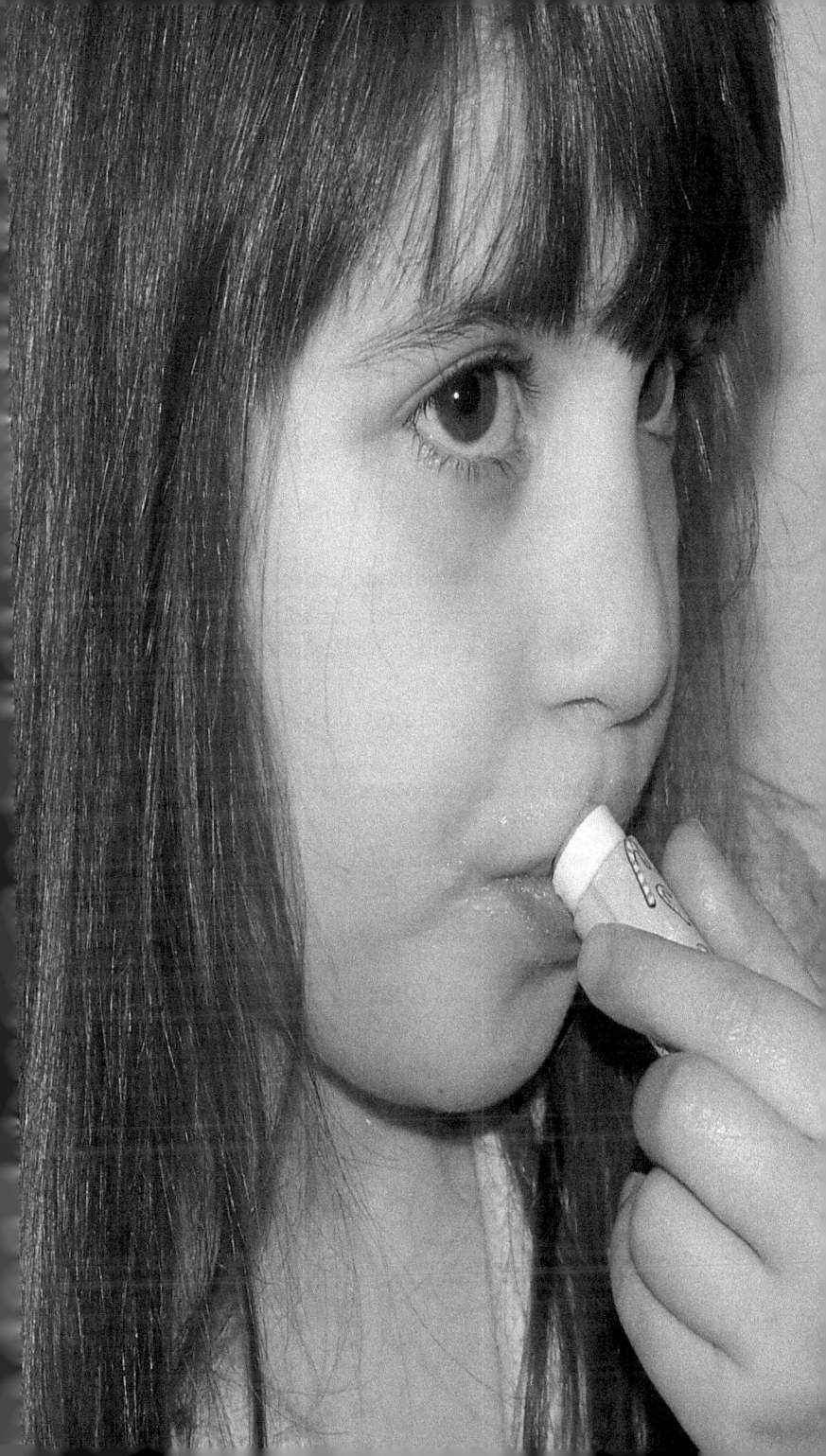

## Capítulo 21

Sé el Mejor Detective de tu Hijo

Este capítulo está dirigido a los maestros, así como a los que se están preparando para el aprendizaje de su hijo o el comienzo de su día escolar. Los padres a veces tienen una mejor idea del estado mental o estado de ánimo en que su hijo pudiera estar. Estos estados deben ser considerados, lo cual nos lleva de regreso a nuestra discusión anterior de conocer a tu hijo y de hacer el trabajo necesario de detective a veces. Mirando lo obvio y lo no tan obvio con nuestros hijos *antes* de abordarlos con una tarea de aprendizaje no es siempre una tarea fácil. Ellos no parecen estar comunicando alguna molestia, pero luego cuando se les presenta un estímulo o petición se desmoronan. Si podemos prevenir que se desmoronen, lo más seguro es que tengamos éxito, lo cual se traduce en éxito para sus hijos. Cuando nos enfrentamos a esta situación en la que ellos se desmoronan, debemos trabajar en reversa para figurar lo que pasó o cual es la percepción de su hijo, y luego trabajarlo.

En mi clase preescolar, por ejemplo, a veces los bebés vienen de dejar a un padre o un autobús escolar completamente desentrañado. Mentalmente yo reviso la lista de las preocupaciones habituales, verificando el hambre, las necesidades de baño, sed, y problemas de transición de los padres. Posiblemente ellos tuvieron mucho estimulo de pasillos ruidosos mientras venían, u otros niños irritándolos, o quizá estén molestos por alguna expectativa social de decir hola a la gente mientras van llegando u otra variable desconocida. Cualquier número de irritantes pueden ocurrir antes de que el niño incluso entre el aula.

¿Qué tal si no puedes averiguarlo? Tu primera línea de defensa es el calmar su pequeño espíritu. No puedes negociar con un pequeño de tres años muy molesto o muy triste ¡con lógica! Pero puedes, cogerlo en brazos, arrullarlo o columpiarlo en brazos, abrazarlo y calmarlo. Cuando estén listos para enfrentar el mundo, entonces puedes continuar con tus planes. Incluso en el entorno de casa, pudrías no darte cuenta mientras estas apurada con tu rutina matutina, que tu pequeña solo quiere calcetines rosados y tú le quieres poner calcetines azules, y el drama comienza. Estar al pendiente/alerta, no quiere decir que no puedas balancear tus horarios o las necesidades de tu propia rutina matutina, pero al menos puedes tartar de saber la razón de que tu hijo de repente se esté desmoronando. Sería hermoso si todos pudiéramos ser tratados con un poquito más de gentileza cuando estamos teniendo un comienzo del día agrio.

¿Por qué es tan difícil hacer que nuestros niños participen en las tareas típicas que sus compañeros neurotípicos hacen de tan buena gana? La motivación y sus habilidades juegan un papel importante al comienzo de cualquier tarea nueva, una vez que los obstáculos anteriormente mencionados han sido resueltos. Para nuestros niños especiales, no es natural simplemente a veces sentarse y jugar con plastilina o papel de color. Al descartar cualquier problema u obsesión sensorial, algunos de nuestros niños rápidamente iniciarán otra tarea de interés general, pero no todos. ¿Cómo descubres a tu hijo? Si eres un maestro leyendo este libro, ¿Cómo descubres a cada uno de tus estudiantes?

Anteriormente, mencione tratarlo todo. Siempre recuerda mantener la tarea simple al principio. Si quieres que un niño se interese en una actividad de colorear, por ejemplo, solamente pon uno o algunos crayones a la vez en una canasta. En mi aula, me gusta usar las canastitas de restaurant que usan para las hamburguesas y las papas fritas, las cuales puedes encontrar en cualquier tienda que venda artículos para restaurante. Estas canastas ayudan a organizar su espacio y los previene de perder continuamente sus materiales. Muchos de nuestros niños acaparan todos los crayones, se obsesionan con quitarles las etiquetas de papel o quebrarlas. Acérqueles solo unos cuantos, limite la tentación a todos esos comportamientos. Luego, tome una pieza más grande de papel y quizás modele unos trazos en el para ver si ellos participan.

Con Bri, ella estaba obsesionada con los *Teletubbies*. Así que, yo dibujaba la silueta de cada uno de ellos y si, cantábamos la canción. Luego ella continuaría dibujando sola. Con tantos de nuestros niños que son más avanzados artísticamente y tienen el deseo de dibujar, comenzar un patrón que ellos deseen continuar, seguido los hará comenzar con rigor. Para nuestros niños más indecisos, puede tomar un poco de persuasión. Yo comienzo dándoles opciones de colores entre los crayones, o quizá pidiendo ayuda para destapar la lata de la plastilina para intentar enganchar con algún compañero tímido. Una vez que han comenzado, trata de obtener solo cortos periodos de trabajo y no hagas el tiempo de mesa muy largo. Otra interesante manera de conectar con tus hijos durante el tiempo de trabajo en la escuela, o cuando estas en un restaurante y tu objetivo es mantenerlos ocupados por un tiempo, es comenzar un patrón con ellos. Con Bri, y otros de mis estudiantes, comenzaba por escribir A, B, C, y ellos no tendrían otra opción más que completar debido a su insaciable deseo de continuar un patrón. Lo mismo funciona con números o formas. Lo que sea que estuviera en su repertorio de habilidades, eso es lo que usaba. Es por eso por lo que dibujar las siluetas de los *Teletubbies* funcionaba con Bri. Ella tenía que terminar el patrón. Si yo comenzaba con rojo, ella sabía que el grupo tiene cuatro colores y que todos ellos necesitaban estar representados.

Cuando busquemos por motivación, reforzantes, y perfeccionamiento de habilidades con nuestros niños, es importante entender que la mayoría de nuestros niños no quieren terminar la tarea porque el maestro o el padre lo sugiera. La motivación pertenece a ellos. Un patrón incompleto puede ser muy motivante de terminar. Estos intentos atraen su interés no solamente de multiplicar sus actividades, sino también de sentarse en una mesa o cualquier otra área de trabajo y tratar cosas nuevas. Esto es muy importante para su futura independencia con actividades relacionadas a la escuela. Algunos salones de clase ahora están adoptando la idea de asiento flexible y mover piezas de muebles que son comodidades adicionales para nuestros niños que necesitan trabajar con un poco más de movimiento. Aun así, es importante para asistir a la tarea de que nuestros niños aprendan a tener un área de trabajo en la que necesitan quedarse hasta completar el objetivo de la tarea.

Nuestros niños tienen esta ventana de tiempo, por lo que es esencial utilizarla desde el principio para intentar desarrollar algunas habilidades básicas. Es un buen momento para la intervención, especialmente cuando sospechamos retrasos en el desarrollo, o si tenemos un diagnóstico, cuando son jóvenes. Con el autismo, estamos obteniendo información sobre los signos o síntomas anteriores, y debemos aprovechar ese conocimiento e intervenir con los niños pequeños tan pronto como sea posible. Durante esta ventana, aún no han tenido tiempo de desarrollar demasiados desinterés o razones para no participar. Todo es fresco al principio, y explorar nuevos juguetes, actividades y materiales, o únicamente tiempo en la mesa, es natural y se convierte en parte de su rutina. Si tiene un hijo mayor y está luchando para que se interese en varias actividades, aún puede probar nuevas estrategias para motivarlos.

A menudo me sorprendían los intereses de mi propia hija. Nunca tuvo problemas sensoriales en cuanto a mojarse o pegarse y trataría de jugar con arcilla o pintura sin preocuparse. Descubrí que a ella le encantaban las cosas pequeñas como cuentas o canicas pequeñas que se usaban para crear una imagen en algunos de los kits de manualidades. Debía de tener solo cuatro o cinco años y pensé con seguridad en ese momento que sería demasiado avanzado para ella, ¡pero estaba equivocada! Ella era muy hábil en eso y demostró mucha paciencia rellenando todos los agujeros con las canicas hasta que se formó la imagen. También solía hacer rompecabezas de varias piezas en la computadora a una velocidad récord. Aprendí esto observándola durante un momento desestructurado. Hay tantas actividades para ayudar a nuestros niños a explorar con el arte y el tiempo de mesa. Diviértase explorando todos los diferentes tipos de crayones, pintura, papel y plastilina para ver qué enciende la chispa en su pequeño.

El juego es el trabajo de un niño y una excelente manera de desarrollar el lenguaje, las habilidades motoras finas y el desarrollo social. No todos los juegos deben tener lugar en la mesa. De hecho, no debería. Anteriormente, mencioné colocar papel de arte en paredes o caballetes para promover el trabajo vertical. Incluso puede colocarlos debajo de una mesa para que puedan crear como Miguel Ángel, dibujando en un ángulo hacia arriba mientras están acostados sobre sus espaldas. El juego o la exploración con arte puede llevarse a cabo en cualquier lugar y debería. El tiempo en el piso es el mejor momento, especialmente con nuestros niños más pequeños, para pasar mucho tiempo explorando juguetes, mirando libros y practicando sus habilidades de juego. También es un momento importante para que los hermanos y padres participen. Aunque muchos de nuestros niños están muy contentos jugando con uno o dos elementos por sí mismos, debe interferir de vez en cuando. Incluso mientras juega, si un niño parece estar súper enfocado en un juguete, digamos, por ejemplo, un sonajero, puede aprovechar la oportunidad para etiquetar su color y sonido, tomando turnos entre tu hijo y tu. En cada momento, una tarea de aprendizaje puede realizarse simplemente agregando un idioma, un poco de interés y participación. Este comportamiento de modelo muestra a nuestros niños qué es el juguete y cómo jugamos con él, que es una experiencia mucho más natural con los niños con un desarrollo típico. A la mayoría de los padres no les parecería necesario pensar mucho en el juego de sus hijos. Sin embargo, dado que nuestros niños necesitan mucho más apoyo lingüístico y desarrollo de habilidades sociales, debe dividirse en pasos más pequeños que ayuden a nuestros niños a construir una jerarquía hacia las habilidades de juego apropiadas y la adquisición del lenguaje.

"La capacidad de aprender es un don, la aptitud de aprender es una habilidad; la voluntad de aprender es una elección."

—Brian Herbert

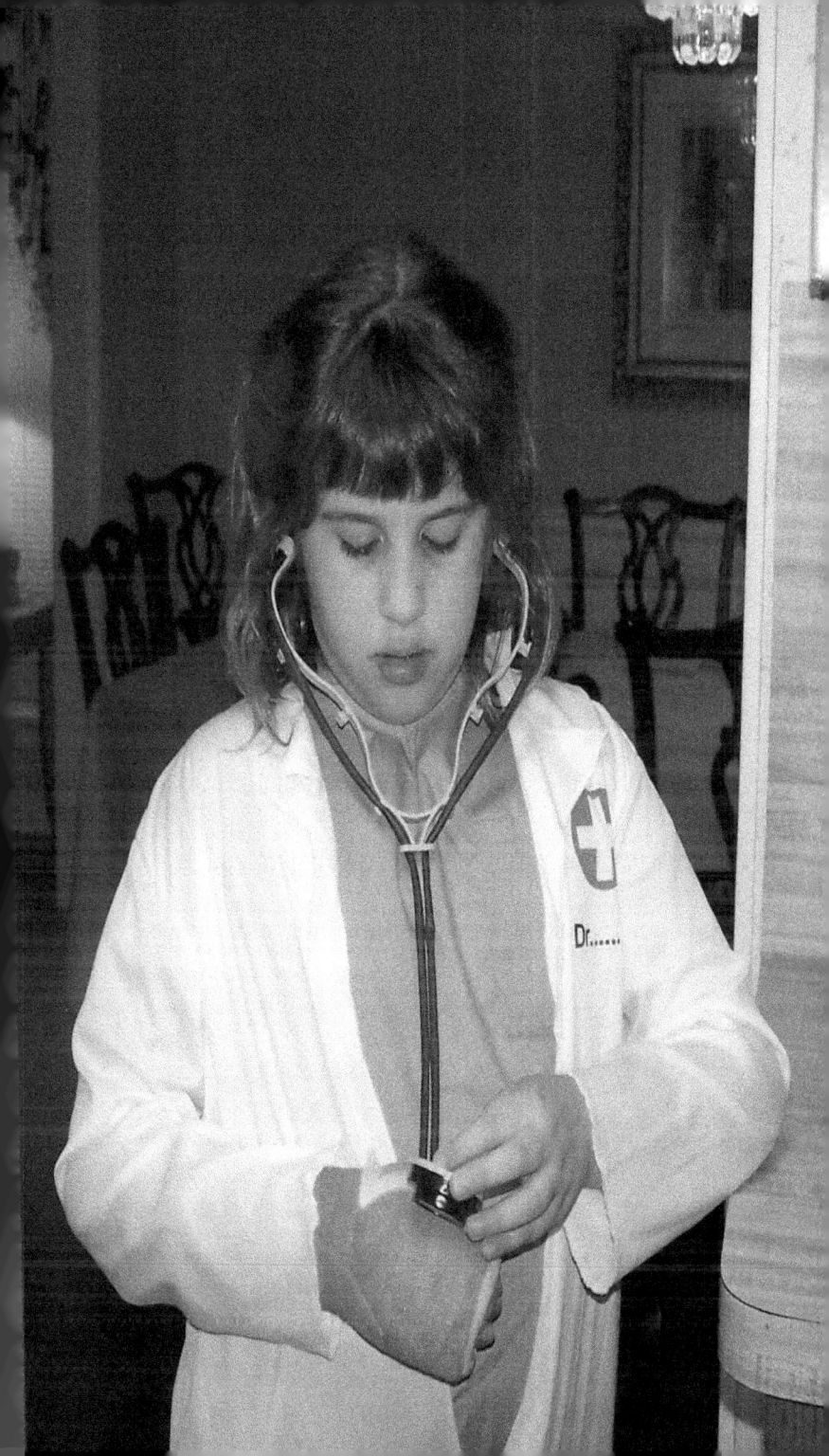

## Capítulo 22

### Ponerse a Trabajar

¿Por dónde empiezas? Quizá acabas de recibir un diagnóstico del pediatra. Quizás hayas estado observando señales como yo, por un buen tiempo y cuestionas, y luego ignoras. Una vez que tienes esa primera inquietud de que algo anda mal con tu hijo, tu mente comienza a trabajar tratando de hacer sentido y arreglar lo más rápido posible.

Hablemos de los pasos que vienen antes de eso. A medida que note retrasos en la atención o en la escucha de su hijo, primero trabajará con su pediatra para descartar las posibilidades médicas básicas. La visión, la audición e incluso la investigación adicional sobre otras inquietudes médicas pueden ayudar a determinar qué es un problema médico y qué es un retraso en el desarrollo. Con Bri, vi su audición selectiva en acción cuando tenía alrededor de un año. Otros miembros de la familia me dijeron que ella estaba actuando como si no pudiera oír, pero yo sabía que no era así. Si Elmo estaba en la televisión arriba y ella estaba abajo, Bri seguiría el sonido hasta que encontrara la voz o la imagen de Elmo.

Su oído no era el problema. Aun así, la audición es usualmente lo primero que se selecciona. Por lo general, un pediatra general no puede evaluar la audición a esta edad. Recomiendo ver a un especialista en oídos, nariz y garganta (ENT) o ir a una clínica pediátrica de habla y lenguaje donde utilicen todas las campanas y silbidos para evaluar realmente la audición. Lo mismo ocurre con otras afecciones médicas que pueden coexistir con conductas autistas. Una vez que haya determinado a qué se enfrenta, es hora de comenzar el trabajo. La atención es clave en toda terapia. Durante este tiempo, tú te convertirás en la constante en la vida y el enfoque de tu hijo. Ellos ya son tu mundo y tú el de ellos. Lo cual se muestra en la visible interacción que tu controlas diariamente. No sé si yo lo hice consistentemente con Bri. Si en ese entonces supiera lo que ahora sé, lo haría, si me dieran una segunda oportunidad en sus primeros años. Estoy atenta todos los días con los pequeños en mi salón de clases, desde la primera casa abierta al comienzo del año escolar. Entro en su mundo, ya sea que me inviten ¡o no! Invade su espacio de la manera más divertida posible. Si no es posible, invade su mundo de todos modos. Como padre, debes ser el mejor amigo de ellos, y eso es lo que crearás con tu hijo. Cada vez que los veas, cada siesta de la que despiertan y cada berrinche en que participen, serás la constante. Esto no es muy diferente de la crianza típica, ¡excepto que no tienes un gran descanso! No olvides pedir ayuda a tu equipo o a tu aldea, porque obviamente necesitarás descansos.

La atención se ve diferente con cada niño, pero con los niños con autismo, no siempre es fácil obtener contacto visual como se mencionó anteriormente. A veces hay que conformarse con aproximaciones de atención. Si parece que te están escuchando u observando desde su visión periférica, entonces acéptalo. Debe saber que responderán a tu voz, toque y olerán cuando se lo solicite. Básicamente, no puedes enseñar lenguaje o cualquier otra cosa si no tienes su atención. La atención es la máxima prioridad. Nuestros bebés son expertos en evitar y escapar incluso desde una edad temprana. Confíe en mí, he presenciado a los Houdini y a los artistas de escape muy hábiles a cualquier edad para evitar el trabajo que se les exige. Estos niños son muy inteligentes y hábiles en la manipulación, por lo que debe ser consciente de la base que está tratando de establecer. Tienes que trabajar para que participen en tus demandas de atención.     Cada niño y cada padre tendrán su propia manera especial de interactuar, dependiendo de sus personalidades e intereses. Soy muy dramática en mi estilo de terapia, y algunos niños se lo tragan. Algunos lo encuentran abrumador, así que a veces lo afino. Soy consistente. Si llamo el nombre de un niño y no obtengo respuesta, intentaré otra manera de hacer que respondan. A veces se puede usar un apoyo para buscar su atención, también se puede usar la comida, o cualquier otra cosa con el objetivo de llamar la atención del niño. Comparto esto no solo por la importancia, sino también porque no siempre es tan fácil como parece. Cuando sostenía una botella o el chupón o cuando cuidaba a Bri, también pronunciaba su nombre. Cuando tenía una conversación tranquilizadora o le cantaba, emparejaba con un refuerzo, mi petición de su atención. Lo recibí de ella bellamente, cada vez. Lo recuerdo, pero también me doy cuenta de que no estaba buscando que su respuesta fuera diferente a mis dos hijos anteriores. No tenía idea de que el autismo estaba en las alas. Más adelante en su vida, no fue tan fácil llamar su atención. Era muy hábil y selectiva cuando escuchaba lo que escuchaba, ¡incluida su madre!

A menudo usaba un pequeño instrumento musical como una maraca o una campanita para llamar su atención, porque a ella le encantaba la música y todo lo que tuviera que ver con eso. Canté sus canciones o fingí leer sus libros favoritos, luego esperaría a ver si se sentaba a mi lado. Comería algo que era para ella y le decía: "mmm", hasta que ella miraba hacia arriba para ver qué estaba comiendo. También jugué peek-a-boo con una bufanda o una manta, y traté de que ella participara. ¡La idea principal es que usted es la persona o compañero de juegos más interesante en la vida de su hijo! ¡Quiere que siempre quieran estar cerca de usted para que no se pierdan una fiesta! Una vez que tenga esta audiencia cautiva, puede comenzar a ayudar a desarrollar esas habilidades sociales y de lenguaje.

Entonces, una vez que se establece la atención de su hijo, ¿cuál es su próximo paso? Para la mayoría de nosotros, la intervención temprana ocurre naturalmente porque todavía no sabemos si es necesario. Antes de un diagnóstico oficial, la mayoría de los padres cantan, hablan, juegan y leen a sus hijos. También es lo mismo una vez que se le dijo a nuestro hijo que tiene un retraso. Simplemente tenemos que amplificarlo en aproximadamente mil voltios lentamente con el tiempo. Nuestros niños pueden ser abrumados o sobre estimulados fácilmente, por lo que no desea dirigirse a un niño pequeño con horas de terapia directa. Si lo haces, tendrás un desorden emocional en tus manos. Debes seguir tu propio ritmo y tu hijo seguirá tu ejemplo. Involucre sus intereses en lo que les está mostrando. Tenga cuidado y sea consciente de cuánto tiempo quieren participar. Más no siempre es mejor en estas sesiones. La consistencia es más importante. Puede hablar sobre una pelota durante dos minutos, pero hágalo varias veces al día todos los días hasta que el niño entienda. Cada niño tiene su propio ritmo, así como la tolerancia para el tiempo de grupo, incluso si el grupo es solo usted y ellos. Observe estas variables y sea sensible a ellas, ya que se expandirán con el tiempo.

"Mamá fue mi mejor maestra, una maestra de compasión, amor y audacia. Si el amor es dulce como una flor, entonces mi madre es esa dulce flor de amor ".—Stevie Wonder

## Capítulo 23

Comunicación en el Entorno Natural

En el entorno natural, vas a necesitar etiquetar todo varias veces al día. No es que tu hijo necesite que las cosas tengan etiquetas, lo haces porque les estas enseñando el sonido y significado del lenguaje y como usarlo.

Cuando Bri era una bebé, cada vez que encendía una luz, la dejaba tocar el apagador y encender y apagar. Etiquetaba la luz y decía, "Enciende la luz, apaga la luz." A veces suena redundante, pero así es como reconocen las etiquetas y comienzan a formar su propio vocabulario.

Mientras más vocabulario posean a temprana edad, mejor se desarrollarán sus habilidades de comunicación. No solamente debes etiquetar las cosas alrededor de la casa, pero también las funciones de las cosas y las relaciones en la casa. Etiqueta a las personas en casa, incluyendo la mascota familiar. Nombra a los abuelos, que quizá vivan en otro estado, simplemente etiqueta todo. Además de etiquetar todo, muestrales fotos de todo el lenguaje también.

Las indicaciones visuales son tesoros secretos para nuestros niños. El mostrar/emparejar o igualar cualquier cosa que estés etiquetando, o el objeto mismo, solidifica la etiqueta en el cerebro de nuestros niños con retrasos en comunicación. Lo hace más fácil para ellos procesar, recordar, y usar el vocabulario. He pasado muchas horas haciendo dibujos, laminándolos, y usando velcro en ellos para crear indicadores visuales para mi hija y para mis estudiantes. La creación de indicadores visuales es la base de todo nuestro trabajo esencial de preparación con el lenguaje. En el trayecto de mi carrera y crianza, esos visuales han cambiado drásticamente con las imágenes en Google, cámaras en celulares, y tabletas, pero las bases son las mismas. Tenemos suerte de vivir en una era con tecnología, porque el mundo entero está usando las imágenes visuales para todo. No es terapia sino nuestro entorno natural como lo conocemos.

Entre las evaluaciones básicas para habilidad de lenguaje, nosotros como educadores, pedimos al estudiante etiquetar 10, 50 o hasta 100 y más palabras básicas consistentes en comidas, animales, colores, artículos del hogar, y otros básicos. Es por eso por lo que los padres deben comenzar a etiquetar en el entorno natural. Inclusive la lectura es un proceso de memoria visual. Aunque algunos niños aprenden fonéticamente, así como a primera vista (sight read), nuestros niños en el espectro usual y primariamente son primordialmente lectores a primera vista. Bri seguido me sorprende con lo que puede" leer" basado en sus preferencias. Durante una búsqueda en Google, en su tableta a muy temprana edad, podía poner suficientes letras juntas para deletrear, *Oso, en la Gran Casa Azul* usando el tecleado predictivo. Incluso recientemente, mientras buscaba en el radio del carro por alguna de sus canciones favoritas, ella localizó y encontró lo que buscaba. En aislamiento, no estoy segura de que estas habilidades serían tan fuertes para ella, pero cuando se trata de algo que ella quiere, ella puede configurarlo con solo palabras escritas y sin fotos. Yo creo que es porque todavía mira los visuales de emparejamiento/igualación en su memoria. Fotos y palabras son lo mismo para ella—es toda fortaleza de memoria visual—un tipo de memoria visual como una foto tomada que esta guardada.

Recuerdo que me sentía bastante frustrada por enseñarle a leer o al menos intentarlo. Compré todos los juegos de libros, los lectores de habilidades básicas, los lectores nivelados y los libros de gran interés y poco vocabulario. Usé todas las estrategias que usan los maestros, y estaba fallando con mi hija enseñándole de esa manera. Había programado horas para leer con ella durante el día, y antes de irme a la cama, tenía extensas visitas a la biblioteca con canastas especiales para los libros de la biblioteca. Mantuve recipientes separados para los libros de casa, y siempre estaba recompensando a todas mis niñas con un viaje a la biblioteca. Estos eran en realidad los mismos hábitos que tenía con mis otras chicas, lo que les dio un fantástico amor por la lectura. ¡Sin embargo, no funcionó con Bri! Aceleraba la lectura y pasaba las páginas a velocidades récord para poder anunciarme: "¡El final!"

El dilema es que a veces la manera en que nuestros niños absorben la información es muy diferente a la de los niños típicos, pero lo hacen. Los estudios demuestran que la repetición es importante para recordar historias e incrementar el vocabulario y la comprensión. No te desanimes con el que pasen las páginas rápidamente o avienten los libros. Simplemente empieza y hazlo rutinario. Igual que lo harías con el cepillado de dientes o el tiempo de bañarse, lee en un horario regular diariamente. Lee las mismas historias, especialmente las clásicas. Lee historias como la de *Los Tres Cochiitos*, *Goldilocks y los Tres Osos*, y *Caperucita Roja* para construir en el ritmo de las historias. Pide a tu hijo que nombre los personajes o haz que adivinen lo que sigue. Si es posible, etiqueta el principio, la parte media y final de cada historia. Usa fotos para dar secuencia a las etapas de la historia. Etiqueta todo lo que mirarán en las fotos de los libros. El alfabetismo es diferente para nuestros niños en el espectro, pero no es una hazaña imposible. La mayoría de nuestros niños están muy interesados en aprender sus letras y a menudo son autodidactas usando sustantivos o sight words (una lista de palabras que se asignan para memorización en las escuelas primaras de los Estados Unidos). Para nuestros niños, pudiera o no, mirarse como sentarse a disfrutar un libro. Como en otra área cualquiera, la consistencia es clave. Si al principio, no muestran interés en la lectura, trata un audio de la historia como fondo para familiarizarlos con el sonido del lenguaje de la historia. Usualmente, es el deleite visual de los libros lo que mantiene su interés.

Yo soy chapada a la antigua cuando se trata de un buen libro. Me gusta sostenerlo y leerlo. En estos días, tenemos historias en tabletas para libros de lectura en voz alta, los cuales son fabulosos y deben usarse en todas las formas de lectura para ayudar a su hijo a construir su inventario de historias. La lectura es la piedra angular para todas las cosas académicas. Recuerde, al principio los niños leen para desarrollar intereses y habilidades. Pero más tarde en la escuela, ellos leen información en física y ciencias sociales. Bri, aun en estos días, trata de decirme cosas de su ecolalia de lenguaje a través de historias. Si su comida está caliente, ella saca la historia de *Los Tres Ositos* y repetirá la parte en la que mamá oso dice, "Está muy frio," y así miras el patrón. Yo también pienso que ella disfruta las historias que lee igual que otros niños lo hacen.

Para resumir el principio de Terapia en el Hogar (o lo que me gusta llamar mi vida), todo lo que presentamos a nuestros hijos, ya sea la repetición básica de sonidos o palabras, las etiquetas de objetos comunes, o la lectura, debe hacerse sistemáticamente. Probablemente nunca vayas a una tienda de pasatiempos y mires materiales como pompones o palitos de artesanía de la misma manera otra vez. Aprenderás que todo se puede convertir en un mejor indicador visual para llamar su atención.

"Una foto vale más que mil palabras" es un dicho incorrecto, pero para nuestra población una foto es la llave al entendimiento. Las estrategias visuales son esenciales para ayudar a los niños con autismo a entender más rápido y comprender más. Como maestra, cuando enseño lectura usando la historia de *Los Tres Ositos* las actividades de esa semana se mirarán de la siguiente forma. Leemos la historia con el mayor drama y pasión posible. Enseguida, apunto a los personajes en las fotos. Luego, les leo la historia normalmente, les muestro la lectura en voz alta, y luego encuentro una canción que se asimile a los osos en el internet. En la mesa de matemáticas, pongo a los niños a agrupar los frijoles en tamaño y colores. Ellos tomarán los mismos osos y actuarán la historia con la ayuda de una muñeca barbie rubia para imitar a Ricitos de Oro. Cocinaríamos avena para el desayuno y yo pondría a los estudiantes a usar los bloques de madera e imágenes de los tres osos en diferentes tamaños para medirlos y etiquetarlos grande, mediano o chico. Básicamente, debes usar todas las modalidades de aprendizaje para ayudar al niño a entender el concepto de los conceptos de lenguaje y comunicación.

"Todos somos aprendices en un oficio en el que nadie se convierte en maestro."

—Ernest Hemingway

## Capítulo 24

## Historias Sociales

Demos un vistazo más profundo a las estrategias visuales que se usan para presentar las historias sociales. Carol Grey comenzó Historias Sociales, una excelente herramienta de aprendizaje social para niños y adultos con autismo y otros desordenes de comunicación. Su trabajo comenzó una base en el uso de historias sociales para enriquecer su entendimiento, reducir el conflicto, y ayudar a nuestros niños con autismo a navegar a través de diferentes entornos. Una historia social es una herramienta en la cual das un ejemplo visual de lo que se espera. Por ejemplo, una visita al estilista, dentista o doctor puede anticiparse con menos ansiedad al proveer a un niño con una historia social.

Yo tomo fotos de todo, igual mi madre. Todos en la familia se quejan por esto hasta que llegó el día en que se sentaron y miraron los tan queridos álbumes fotográficos familiares. Revivieron esas vacaciones especiales o recuerdos que de otra forma estuvieran en el olvido. Incluso Bri disfruta mirar los álbumes familiares y mirar los viajes para ver a Mickey Mouse o la playa. Incluso ella los usa para pedir y decirnos que está lista para unas vacaciones. Desafortunadamente, no funciona de esa forma por nuestros diversos horarios. El punto de la historia es que una foto es una representación de muchas emociones, y es maravilloso tenerlas. En una historia social, las fotografías se convierten más en una lección de igualar o hacer par con la historia. Una historia social explica la secuencia de los eventos, y el antes y después de una visita. Ellas sirven como compás de navegación hacia lo que se espera de un niño quien simplemente no puede decirnos que hará una visita a un lugar. Me costaba trabajo llevar a cortarle su grueso, rizado y tupido pelo a Bri. La llevaba a el salón para niños y le permitía disfrutarse múltiples paletas, demasiadas para mi gusto. De cualquier forma, haría el trabajo de reducir su ansiedad mientras un extraño se acercaba a ella ¡con afiladas tijeras en mano!

En uno de nuestros viajes al salón, tomé fotografías, muchísimas fotos. Tomé unas feliz, triste, enojada e incluso unas caóticas. Tomé fotos de la paleta, el baño, los libros en el área de espera y una muchacha agradable que esperaba para que le cortaran el cabello. Estas fotos fueron tomadas con una cámara. Probablemente las otras familias en el cuarto de espera me miraban como una lunática, pero de todas formas lo hice. Las fotografías se desarrollaron e imprimieron y las puse en un álbum fotográfico. Traté de ponerlas en un orden especifico describiendo en la parte de abajo de cada una la visita con letra de mano.

Con el tiempo, hice estos álbumes fotográficos más sofisticados. La misión era hacer un libro para ayudar a que Bri entendiera el proceso completo la próxima vez que necesitara un corte de cabello. Ella disfrutó etiquetando ella misma por supuesto, tanto como las paletas y el caballito en el que los niños se sentaban. Luego, en vocabulario sencillo describí que ella no necesitaba llorar. Le dije que ella tiene un pelo muy bonito y que las niñas grandes se cortan el cabello. Las palabras usadas en la explicación deben ser apropiadas para un niño. Si el comportamiento de tu hijo es la preocupación principal con un corte de pelo, habla al respecto. Si su ansiedad es demasiada, usa vocabulario tranquilizador y relajante. La fortaleza en tus propias historias sociales es la inversión que tu hijo hace en la historia. La predictibilidad de la siguiente visita, el comportamiento esperado en lo que la tarea en mano sea, son los conceptos por cubrir. De ser necesario, un elemento reforzante puede incluirse a la historia, mientras puedas ser consistente todo el tiempo. Es posible que cada corte de cabello signifique un cono de helado. Lo que tu creas, pero no pongas nada por escrito o en fotos que no vayas a poder hacer o dar. Algunos sitios web te ayudan a formar tus historias en álbumes electrónicos que puedes mantener contigo y revisarlos con tu hijo cuando sea necesario. El enfoque principal para tu familia es mantener las representaciones visuales personalizadas para tu hijo, tu evento, y las necesidades de tu hijo. Tú, entonces haces tuya la historia. El resultado será de ayuda en más circunstancias de la que te puedas imaginar.

Yo hice libros para Bri y muchos de mis estudiantes a través de los años para citas médicas, planeadas o no. Citas con el estilista; fiestas de cumpleaños, eventos familiares, y visitas a la biblioteca, al espectáculo de las marionetas, y el circo son todos eventos en donde las historias sociales se usan. Usarás esta herramienta por tu sanidad y para el beneficio de tu hijo. Usar las historias sociales siempre ayuda. Es difícil escribir o crear tus propias historias que llenen todos tus requisitos. También existen los recursos de ayuda en línea con historias sociales ya hechas, y pueden usarse con tu hijo en el aula para ayudar con las conductas generales y algunos otros problemas. Pero, para tus propósitos, prefiero que las historias sean personalizadas con tu hijo como la estrella en su propia historia de vida. Las historias de Bri sobre sus primeros años ahora se usan como revisión de lenguaje y como una oportunidad para hablar acerca de recuerdos. Ella tiene un libro con la historia de cuando trajimos a casa nuestra mascota. En ese libro, el miedo en la cara de Bri a este perrito rubio y brincador en nuestra sala, y su escape para cubrirse toda de pies a cabeza con una gran cobija, ahora crea maravillosos recuerdos, pero ahora sirven diferente propósito. Hemos perdido a nuestro hermoso Golden Retriever Josie, así que es una bendición contar con el libro de los años de cachorro de Josie, aunque haya sido creado por razones terapéuticas en ese entonces. Hay muchas veces después que las historias sociales han cumplido su propósito que ambos mi hija y mis estudiantes les encantan estas historias personalizadas porque fueron acerca de ellos. A ambos, mi hija y mis estudiantes les gusta revisar las paginas memorizadas una y otra vez, cada uno disfrutando su historia por diferente razón.

Una estudiante en particular siempre quiso quitarse toda la ropa en los descansos del área de juego. Creé un libro para ella que incluye todos los vestidos adorables de princesa que cualquier niña de cinco años disfrutaría. Esa historia social le ayudó a entender que los vestidos bonitos se visten en la escuela. Que se puede cambiar de ropa en casa. Se los puede quitar para tomar un baño de burbujas divertido, y luego ponerse los pijamas. Las ropas se visten la mayor parte del día. Después de leer su historia social con su derecho a jugar afuera después de la lectura, ella finalmente entendió el comportamiento esperado para el recreo y la escuela. Ella le contaría la historia a cualquiera que quisiera escuchar. La lección estaba aprendida.

Hice otra historia social para una niña de tres años que era insistente en quitarse los zapatos una vez que entraba al aula. Esta hermosa pequeñita llegaba, y enseguida ya estaba descalza. Aunque no era tan raro como desvestirse en el área de juegos, pero también, no era apropiado en la escuela. Para ella, hice una historia social acerca de todo tipo de zapatos. Hice visuales de botas, pantuflas, botas para agua, zapatos de Mickey y Minnie, zapatos de flores, y de arcoíris. A ella le encantaba mirar su revista personal y apuntaba sus pies con cada foto. Ella recibió el mensaje—¡los zapatos se quedan puestos! Cumplimos con ese obstáculo sin quitar algún poder a esta pequeña princesa.

Las estrategias simples se pueden personalizar en cada situación. Una de mis estrategias favoritas para el entrenamiento de baño es con una historia social que realmente usamos mientras entrenamos para el baño. Hice una historia para un inteligente, pero muy terco pequeñito cuya madre estaba esperando. Era muy capaz pero no le daba la gana de participar completamente en el proceso de entrenarse para el baño. Su historia social le dejó saber lo grande que ya era el muchacho. Le puse fotos de niños grandes vistiendo calzoncillos del hombre araña y bebés usando pañales desechables. Tome fotos de este niño participando en todas las maravillosas actividades escolares. Le tomé fotos leyendo libros, escribiendo en papel, y colgándose de las barras en el área de juegos. Incluí una foto de cada evento de su mundo de niño grande. También incluí fotos de letreros de baño, tasas de baño, inodoros y estrellas para el reforzamiento en su gráfica del baño. Esta fue su historia, y les dijo a todos acerca de las grandes cosas que podía hacer por el mismo. El éxito puede conseguirse a través de las historias sociales una y otra vez. Las estrategias y apoyos visuales no se limitan a fotografías en libros. Pueden usarse innumerables oportunidades de apoyo para construir el lenguaje del niño y el entendimiento de su universo. Abatelenguas con letras que deletreen el nombre del niño o fotos de una historia para contar nuevamente son ejemplos de estrategias visuales para ayudar con la instrucción.

Un marco de referencia elocuente de apoyos visuales es el libro de Temple Grandin titulado *Thinking in Pictures* (no disponible en Español). Este libro revolucionó como nuestros niños ven, oyen, y repiten todo a lo que están expuestos. Sus mentes trabajan como cámaras tomando la información y regresándola en la oportunidad correcta. Diez o veinte años atrás, este concepto no era tan aparente como lo es ahora.

Todo en nuestro mundo es visual. Esta es la norma para todos, no solamente para nuestra población de niños especiales. Nuestro mundo visual puede ser abrumador, con todo el estímulo bombardeándonos todo el tiempo. Sé estratégico en la manera que usas los apoyos visuales para tu hijo. Recuerda que, en la mayoría de los casos, menos es más para entendernos con los niños pequeños, y puedes construir las bases conforme tu hijo va creciendo.

"Qué maravilloso es que nadie deba esperar ni un momento para comenzar a mejorar el mundo."

—Anne Frank

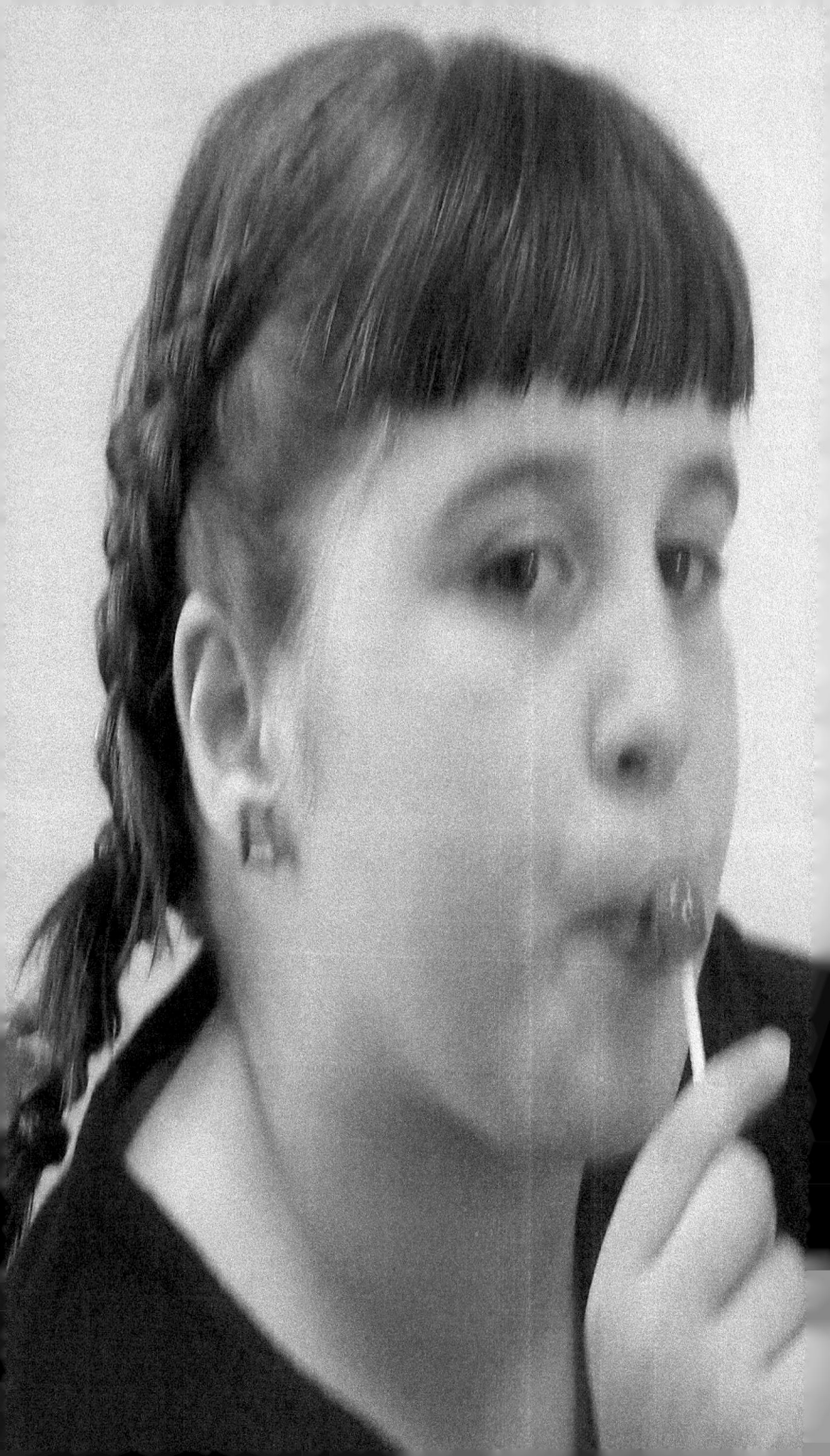

## Capítulo 25

## Escucha Intencional

Nuestros niños con retrasos de comunicación nos están hablando. Debemos atender a esa comunicación. Ya sé que no pedí ser madre de un niño con necesidades especiales. Pero si, toda mi vida quise ser maestra de Educación Especial—ese es mi llamado. He visto los mensajes escondidos de cientos de niños durante mi carrera, y por supuesto, con mi propia hija. Siempre que conozco a un nuevo estudiante con autismo sucede algo mágico. Veo a un niño con una personalidad escondida que espero conocer. A veces, me siento como un susurrador de autismo, y otras veces me enfrento a la realidad de tener mucho trabajo por delante con ese niño. Durante los primeros años de mi carrera, siempre aceptaba con gusto el reto, pero después de personalmente lidiar con toda la ansiedad de criar a una niña en el espectro, ya sé lo que viene. Si es un reto, es más trabajo que tiene que hacerse en preparación para que la capacidad de este niño prospere y hacer las conexiones necesarias para acceder a su mundo.

Maestros, Terapeutas, especialmente Padres, y más gente de mi villa designada tienen trabajo por venir. El niño también tiene mucho trabajo por delante. Será difícil y complejo, pero este trabajo vale cada sesión de terapia, cada tarea e incluso cada lucha. A veces trabajas en algo con un niño durante mucho tiempo, y justo cuando crees que necesitas cambiar de rumbo, verás una luz. Puede ser un cambio de comportamiento, una nueva atención a la tarea, o incluso una chispita de comprensión que te llevará de vuelta a la magia.

La magia siempre aparecerá; Viene de varias maneras. Cuando menos lo espere, se abrirá una puerta o tal vez se rompa una ventana, pero es un comienzo. El aprendizaje se llevará a cabo, y se harán conexiones. No existe una fórmula exacta que funcione para todos los niños, pero creo que algunos factores clave influyen en el crecimiento del niño. Me resulta difícil separar lo que sé de mi maestría en educación especial, 30 años de experiencia docente y, lo más importante, ser la madre de Bri. Sé que los bebés deben ser sostenidos estrechamente. Necesitan toques suaves, loción para bebés y suaves masajes en sus piececitos. La mayoría de nuestros niños que exhiben una severa defensa sensorial o táctil no demuestran estas necesidades en esta etapa temprana de la vida.

Sé que debes tocar todo tipo de música para tu hijo. Sé que debes cantarle a tu bebé mientras esté en el útero. Sé que debes mecer a tu bebé para que duerma cada noche con canciones de cuna. Si tienes la suerte de tener una familia multilingüe, puedes cantar a tu bebé en todas las lenguas maternas. Sé que cuando tenga seis meses de edad, debes leer historias rítmicas a su hijo. Sé que la nutrición es esencial durante y después del embarazo. Sé que el descanso es esencial para tu hijo y para ti también. Sé que un ambiente pacífico es saludable para todos los miembros de la familia.

La vida es compleja. Creo en la familia y en el apoyo para toda la familia, incluidos los cuidadores principales, y creo que debes buscar activamente un respiro de vez en cuando. Si eres casada, creo que necesitas tener una noche especial con tu pareja y vacaciones separadas de los niños. Creo que deberías tener aficiones e intereses propios como persona a la que puedes dedicar tiempo ocasionalmente. Creo que una vez que sepas que tu camino será diferente del planeado, debes buscar el mejor equipo terapéutico médico que puedas. En segundo lugar, debes unirte a un grupo de apoyo para el grupo de edad de tu hijo. Continúa asistiendo a tus grupos a medida que tu hijo crezca, y mantente conectado con los que comparten tu viaje. Sinceramente, te lo digo por experiencia, ¡la mitad de lo que te digo, no lo hice! Pero tu deberías hacerlo, porque ayuda. La diferencia en la forma en que crie a un bebé en la niñez y más allá no difería de mis otras dos niñas hasta que supe que tenía que hacerlo. Una vez que la terapia fue la línea central de defensa, las cosas cambiaron. Entonces aprendí que el trabajo nunca terminaba. El trabajo significaba que no habría ningún evento en mi vida que no tuviera la palabra autismo en ella. Era un mundo nuevo que creía conocer hasta que me senté en el lado opuesto de la reunión del Plan de Educación Individual (IEP). Me iluminé y supe que cada vez que llevaba a mi bebé a pasear en su cochecito, tenía que etiquetarlo todo en nuestro camino. Le dije: "Mira el árbol. ¿Es eso un pájaro rojo? "O" ¿Qué sonidos hace el pajarito? ". Todo se convirtió en una lección de lengua en alta definición. Nada fue aleatorio en la crianza de esta preciosa alma. El tiempo no era mi amigo. En ese momento, ni siquiera me daba cuenta de cuánto trabajo me esperaba. El trabajo, como se mencionó anteriormente como juego, se encuentra en cada actividad, en cada historia y en cada canción. El trabajo es cualquier cosa que implique enseñarle algo nuevo a su hijo. El trabajo se lleva a cabo en cada comida y con cada nuevo invitado que visita su hogar. El trabajo es la reducción de la ansiedad cuando se utiliza una aspiradora o licuadora. El trabajo es todo lo que haces con tu hijo para ayudarlo a navegar su entorno.

¡Abróchate los cinturones, porque este trabajo nunca termina y es agotador! Por eso necesitas crear tu equipo o tu aldea. No puedo exagerar la necesidad de su apoyo. También es la razón por la que verá todo lo que hace con su hijo como una oportunidad de instrucción. Dicho esto, todavía tienes que disfrutar de tu vida, y lo harás. Este libro no trata sobre las tácticas de miedo o lo difícil que es entrenar a tu hijo con necesidades especiales. He disfrutado cada segundo de criar a mi hija, a excepción de algunos contratiempos ocasionales que usualmente involucran plomería. Para ser honesta, he disfrutado y lo he pasado genial enseñando a tantos estudiantes diferentes con varios niveles de autismo. Son niños hermosos e inteligentes. Nos enseñan, y nosotros les enseñamos un poco, pero ellos tienen los secretos del universo. Digo esto porque, en su inocencia, aprendemos sobre lo que es realmente importante en este mundo. Tendrás un hijo. Un niño con autismo, tal vez, pero también un niño que te deleitará como cualquier otro niño, ¡a veces más! Es en el trabajo donde tendrás que pensar fuera de la caja con la mayoría de tus experiencias.

Irás a los juegos infantiles y considerarás primero la seguridad de tu hijo, mirando alrededor para ver si está cercado para darle a tu bebé algo de libertad. Examinarás el equipo de juegos como una estrategia para ayudarlo con sus necesidades sensoriales o el desarrollo de habilidades motoras, y no como un día común en el parque. Puedes ir a un espectáculo de títeres o una película con tu niño pequeño y temblar ante la idea de que grite en el momento más tranquilo. Te preocuparás por lo que otros piensan de un niño que está gritando o fuera de control. Puedes dejar de ir a restaurantes por un tiempo, pero esto pasará. Usted y su hijo tienen todo el derecho de estar donde quieran estar — donde quizá el trabajo se sentirá como una guerra al principio. Eventualmente, tú y tu hijo desarrollarán habilidades y un ritmo para su vida. Estarás en el mundo participando como todos los demás. Probarás cosas nuevas y descubrirás qué funciona mejor para ti y tu familia. Una vez más, pide ayuda. No significa que no seas lo suficientemente fuerte. Significa que el proceso es difícil.

No puedo imaginar cómo lo habría manejado durante esos primeros años y explorar el ponerme en sus zapatos si no hubiera estado enseñando en una escuela de base comunitaria la mayor parte de mi carrera. En otras palabras, mi trabajo era llevar a los estudiantes con autismo a todas partes de la comunidad. Les enseñé a comportarse, comunicarse y socializar en todos los entornos, o al menos lo intenté. Con mis colegas, fui con ellos a los supermercados, espectáculos de títeres, películas, restaurantes, caminatas, zoológicos y acuarios. No tengo duda de que todas las muchas experiencias que tuve me enseñaron las habilidades y me dieron la gracia que nunca hubiera desarrollado por mi cuenta. Se amable contigo mismo. Es un viaje. Es tu experiencia de aprendizaje tanto como la de tu hijo.

Recuerdo que muchos padres me dijeron que cuando su hijo era aún pequeño, no podían ir al supermercado con ellos. Las historias de terror que revelaron de mis estudiantes que iban a las tiendas y tomaban cosas o tenían rabietas severas estaban paralizando a estas familias. Lo triste era que yo llevaba a estos mismos niños a los mismos lugares y más, y casi nunca vislumbraba esas reacciones. ¿Podría haber una interpretación tan diversa del mismo niño entre el hogar y la escuela? Por supuesto que la había. La razón por la que diferían se debe al trabajo de preparación. Preparamos a estos mismos niños durante una semana con estrategias visuales, modelos de comportamiento y la emoción de una recompensa de la panadería antes de aventurarnos. Un terapeuta y maestros nos acompañaron para brindar apoyo tanto físico como instructivo. Es obvio que hay dos lados en estas situaciones. El padre tiene tiempo limitado para completar la tarea de hacer la compra familiar, posiblemente con un auto lleno de niños. Es posible que los padres hayan trabajado todo el día o hayan tenido una larga lista de compras. La madre solo se tenía a sí misma como apoyo. El punto es, para este ejemplo, que el trabajo preparatorio necesitaba ser insertado. El niño necesitaba ser enseñado.

Conlleva mucho trabajo de preparación antes de poder llevar a tu hijo a diferentes lugares.

Al principio, aventurarse puede ser una explosión de estímulos que él o ella simplemente no pueden manejar. Empiezas allí. Si los gritos, las lágrimas o los derrumbes vuelven a ocurrir en una tienda determinada, juegue al detective y descúbralo. ¿Tal vez su hijo teme el asiento del bebé en el carrito? Muchos de nuestros bebés tienen miedos gravitacionales. En otras palabras, las deficiencias sensoriales les hacen sentir pánico al ser colocados en lo alto del carrito. Bri tenía tanto miedo. Solo estaba bien en el carrito de la compra si le colocaba una de esas cómodas fundas acolchadas que usaba en su asiento de bebé. Sin eso, entraba en pánico y no se sentía segura. Ella nunca me dejó cambiarla en un cambiador estándar. Cuando miro hacia atrás veo que mucho de esto lo aprendí en el camino.

Puede no ser tan fácil entender porque un niño tolera unas tiendas y otras no. Puede ser la iluminación fluorescente, carritos de supermercado ruidosos, personas escandalosas, o cualquier cosa que pueda ser un sobre estimulo. Tales cosas problemáticas pueden enviar a nuestros hijos a un frenesí que parece salir de la nada. Esta reacción puede suceder a veces, pero no todo el tiempo. De nuevo, tendrás que jugar al detective en estas situaciones. A veces, iras de compras porque necesitas hacerlo y simplemente te enfrentarás a cualquier posible resultado. Tuve otro padre que me dijo que su hijo miraba continuamente el piso de linóleo del supermercado. Estaba en lo correcto, el niño lo hacía. En varias de nuestras salidas, él se sentaba en el suelo mirando el piso. Tenía otros cinco estudiantes conmigo, y no tenía tiempo para su perseverancia. Le pedí que se levantara del suelo, y le puse ambas manos en la agarradera del carrito de compras. Era un niño en edad de secundaria y lo suficiente alto como para empujar el carrito. Mi siguiente estrategia fue jugar a las carreras con el por los pasillos, no había tiempo de mirar al piso. Él también se divirtió, y su humor cambió a alegría y lo distrajo lo suficiente para cambiar la dirección de su comportamiento.

¡Haz que las visitas sean funcionales! Con mi propia hija siendo la menor de tres, y todas tan jóvenes, también compre con practicidad. Casi nunca tuve tiempo de preocuparme por el comportamiento de ninguno de mis hijos mientras estaba en la tienda. ¡Tenía compras que hacer para que pudiéramos cenar! Todos los padres luchan con los niños pequeños en estas situaciones, pero es por eso por lo que debemos dedicar tiempo a ese trabajo de preparación cuando son pequeños. Para todas mis niñas, ir de compras fue un evento: una oportunidad de aprendizaje para explorar todos los colores de las frutas y verduras, recordar la leche y elegir una golosina.

Durante los primeros dos años de la vida de Bri, todavía pensaba y rezaba para que ella solo tuviera un poco de retraso en el habla. Una vez que mi vida se convirtió completamente en autismo, me volví mucho más detallada y diligente incluso si se trataba de un simple viaje al supermercado. Hasta el día de hoy, todavía tengo a Bri pesando las manzanas y contar cuántas naranjas poner en una bolsa. Le pido que siga una lista si la tenemos, o simplemente nombramos las cosas que necesitamos recoger y lo convertirlos en una búsqueda del tesoro para encontrarlas. Ella también me ayuda a poner comida en el carrito, embolsa la comida y la guarda cuando llegamos a casa. ¡Puedo asegurarte de que esto ocurre debido al trabajo que hicimos cuando ella tenía tres años! Cada tarea se basa en la siguiente. Cada habilidad se basa en la base de su futura independencia. El trabajo puede ser tedioso, pero finalmente vale la pena. ¡Haz el trabajo!

"Pudiera no haber ido a donde intentaba ir, pero creo que terminé en donde necesitaba estar."
—Douglas Adams

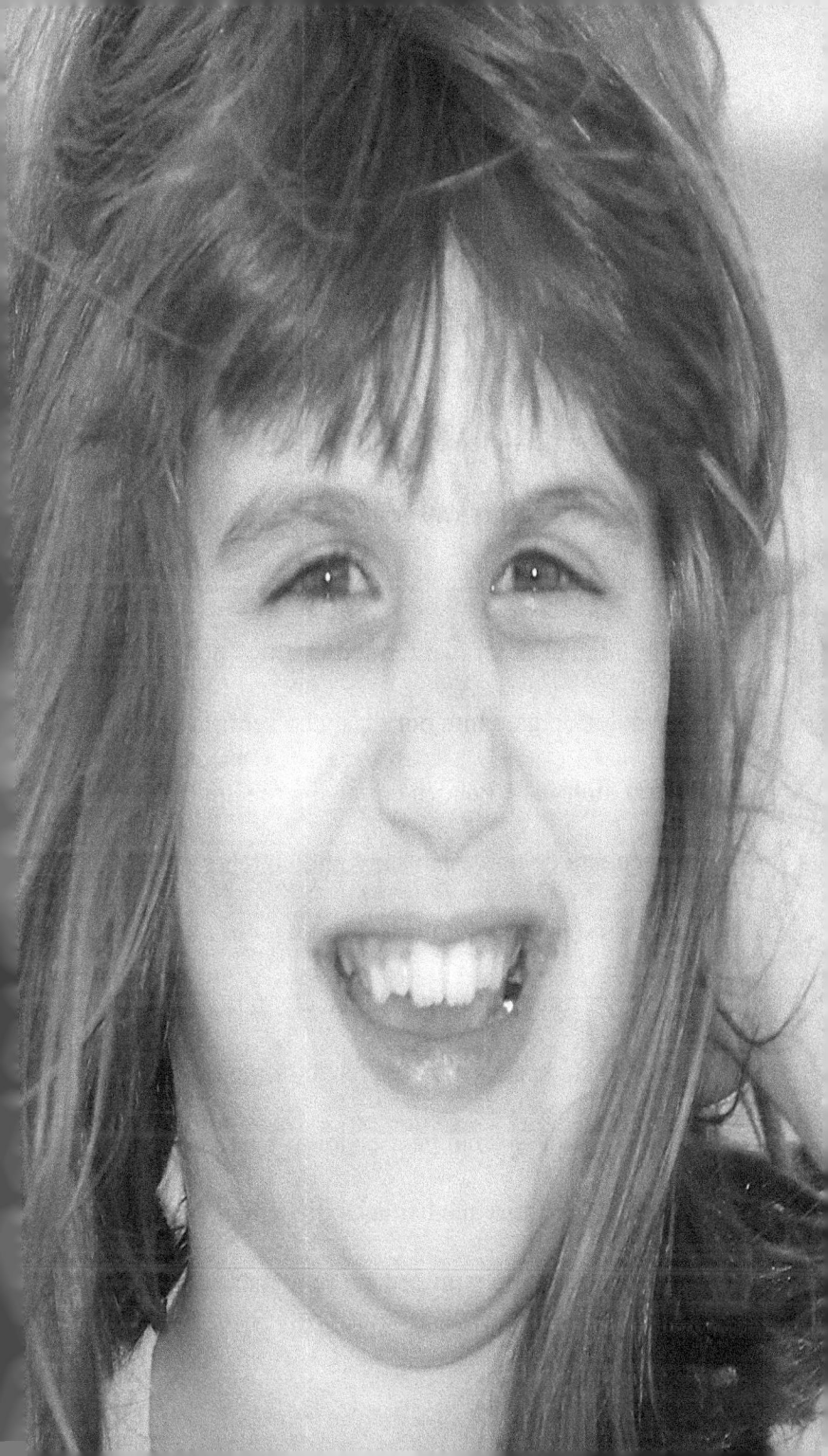

## Capítulo 26

## Padre Adivino

Una de las cosas más difíciles para los padres de niños con autismo espectro puede ser como saber cuándo tu hijo tiene dolor o está enfermo, especialmente cuando no es obvio. Debido a varias deficiencias sensoriales, nuestros niños podrían tener una exagerada – o ausencia de sensibilidad al dolor o enfermedad. Ellos pueden tener dolor de garganta por días y no sentirlo o mostrar síntomas. Pueden cortarse y ni siquiera darse cuenta de que están sangrando o tener una reacción retardada al dolor

Bri raramente demostraba algún tipo de incomodidad si se lastimaba, luego lloraba. Mirar un vendaje era la señal para el dolor. Una vez, pisó un marco de vidrio que había caído de una ventana, el vidrio se rompió y un pedazo se le incrustó en el pie. Los momentos siguientes al incidente ella decía, "Cosquillas, cosquillas" repetidamente. Todavía ella usa ese término cuando tiene dolor o no se siente bien. En ese entonces, no estaba usando esa palabra para describir nada excepto el significado real de cosquillas durante sus juegos. Cuando entré a su recamara y miré el vidrio por todo el piso ¡entré en pánico! la levanté y la puse en la cama y desesperadamente traté de encontrar en donde se había cortado. Estoy segura de que esto ya te ha sucedido. Es siempre importante que continuamente ayudes a tu hijo a identificar la enfermedad o el dolor cuando sea posible.

Además, de otras estrategias que he usado para identificar el dolor, está una idea genial que tuvo uno de mis colegas y antiguo asistente. Ella diseñó una muñeca de papel grande codificada por colores para replicar las partes del cuerpo. Utilicé esta idea de muñeca de papel con mi hija y le hice etiquetar las partes de su cuerpo. Luego lo usé preventivamente para etiquetar su barriga, garganta, brazos, piernas y cabeza. Quería enseñarle a darme información y lugares de dolor o enfermedad.

Actualmente, tenemos aplicaciones que también pueden hacer esto, pero lo importante es poder enseñar a los niños las partes de su cuerpo y hacer que al menos los identifiquen de forma receptiva cuando sea necesario. Mis otras hijas tenían fiebre con la mayoría de las enfermedades, especialmente con la faringitis estreptocócica o una infección de oído, pero no Bri. Ella siempre fue muy juguetona y feliz, así que a menos que una aflicción fuera realmente obvia, ella continuaba actuando normalmente. Su nivel de energía siempre fue alto y constante, por lo que incluso una enfermedad no se revelaba con un cambio de comportamiento. Sin fiebre, me era difícil saber que estaba enferma. Lo que me salvó en estas circunstancias, creo, fue que mis dos hijas menores tenían solo dos años de diferencia y generalmente estaban en la misma escuela. Si mi hija mediana se enfermaba, también llevaba a Bri al pediatra para que la revisara.

En lo que respecta a la reducción de la ansiedad sobre los problemas médicos, puede usar historias sociales que personalice para su hijo, o usar libros disponibles o episodios de Plaza Sésamo con títulos como "Elmo visita al médico" o "Elmo visita al dentista", junto con muchos otros soportes en internet. Estas estrategias ayudan a transmitir información sobre qué esperar en estas visitas, así como a reducir la ansiedad. Algunos niños pueden ponerse tan nerviosos por ir al consultorio médico que evitan que usted sepa que están enfermos o que, deliberadamente, no le informen debido a la ansiedad de a dónde los puede llevar si están enfermos.

Tuve un estudiante que pensaba, debido a un viaje anterior en ambulancia, que las ambulancias se apresurarían a venir por él por cualquier enfermedad o lesión. Entraba en pánico y era muy difícil convencerlo de que no siempre era así. Con Bri, cada vez que montábamos en la carretera en dirección a la oficina del dentista, ella entraba en pánico. Luego tuve que decirle a dónde íbamos y darle fotos de que estábamos en la carretera, pero no era el día para el dentista. Estas historias sociales nos ayudaron con muchos recorridos, porque si la llevaba a un espectáculo o algo especial, y el viaje estaba en la autopista, la próxima vez que estuviéramos en el auto, ella pensaba que también estábamos repitiendo ese viaje. Los niños con autismo realmente necesitan apoyo con imágenes o historias sociales para ayudarles a predecir su día. La mayoría de nosotros queremos saber qué se espera cuando subimos al auto y hacia dónde vamos cuando somos pasajeros, con estos niños sucede lo mismo, solo que con mayor ansiedad. En ambos casos, esta reacción se debe a la sobre generalización, que es tan común con nuestros hijos. Creen que, si algo sucede un día, sucederá de la misma manera cada vez. Es típico que todos los niños y algunos adultos piensen que un evento malo puede ocurrir o volver a ocurrir en otros momentos. El problema es que nuestros niños en el espectro son mucho más difíciles de razonar y explicar que el resultado será diferente de otros tiempos. Todos se tratan de patrones, y los patrones se repiten. La vida puede repetirse en sus mentes en el mismo orden.

Es buena práctica revisar a tus hijos de pies a cabeza cuando se bañan o van a la cama. No sabes cuantas veces no note el inicio de una erupción o un moretón en las piernas de Bri de inmediato. Durante el invierno, Bri comenzó a desarrollar algún tipo de eczema, al principio no noté porque vestía mangas largas y abrigos. La cambié directamente a sus pijamas y con el cuerpo más cubierto, no note nada de qué preocuparme. Con la luz de la mañana, note áreas rojas por todas sus extremidades. No sabía si había empeorado durante la noche y no sabía cómo no me di cuenta desde el principio. En otra ocasión, Bri se golpeaba las piernas cuando las balanceaba bajo la mesa de trabajo en la escuela y comenzó a llegar a casa con moretones en ambas piernas en la misma área. Visité la escuela tratando de saber que estaba pasando y la miré como metía las piernitas en la barra de su asiento y las balanceaba golpeándose y demostrando no tener conciencia alguna del fuerte impacto. Ni siquiera se desconcertaba.

No captarás todo, pero mantente atento a los moretones o incluso picadura de insectos tanto como puedas. Este no solamente es un consejo para cuando son pequeños, pero para toda su vida. Es difícil, pero es mejor a tener a nuestros hijos lastimados, enfermos y empeorando. Definitivamente la culpabilidad de madre golpea fuerte cuando uno no descubre estas señales a tiempo, y ya tengo suficiente de ella, no necesito culpabilidad extra en mi vida.

Otra medida de precaución es usar siempre tu mejor juicio y exagerar en vez de tomar a la ligera. En otras palabras, si un niño se cae y se lastima, a menos que lo haya visto caer sobre plumas o un colchón y posiblemente no pueda lastimarse, pídale a su pediatra que lo revise lo antes posible. Debido a la forma en que nuestros hijos sienten dolor y la forma en que interpretan la presión, podrían romperse un hueso, y usted nunca lo sabría por su falta de respuesta. No estoy sugiriendo que tenga que ir al hospital cada vez que se lastime, pero si los signos aparecen con enrojecimiento o hinchazón, hágalo.

Una noche, cuando Bri tenía alrededor de las seis, corrió a mi habitación desde el pasillo para venir a mí. Ella siempre corría a toda velocidad, y en forma de tornado con las manos agitadas, y siempre golpeaba los postes de la escalera con un toque. Esa noche en particular escuché un fuerte ruido mientras corría hacia mí. ¡Ella realmente había golpeado el poste con el dorso de su pequeña mano! ¡no lloró! solo se veía estrellada. La revisé de pies a cabeza. Su mano comenzó a hincharse, pero solo un poco, así que le puse hielo. A la mañana siguiente, ella dijo: "Cosquilleo, cosquilleo en la mano" repetidamente, así que fuimos al médico. Ella se había roto un hueso en el dedo. A continuación, vino la pesadilla de toda una vida. Después de que se tomaron los rayos X en la instalación más cercana, nos dijeron que necesitaba un yeso. Nada es simple con nuestros hijos.

Elegí una gran franquicia especializada en ortopedia. Hubiera deseado manejar las 15 millas extra al Children's Healthcare de Atlanta, pero estaba tratando desesperadamente de que fuera atendida, pueda regresar a la escuela y yo a mi trabajo. No pensé que tuviera roto algo, fui simplemente para salir de dudas. Si, tenía una fractura de un hueso en su mano, y sí, era necesario enyesar.

Camino a este lugar, llame a la recepción y les expliqué que mi hija tiene autismo. Les expliqué que quizá ella podría asustarse y era mejor, por lo tanto, que se me explicara el procedimiento antes de hacerse para yo poder prepararla. Una vez ahí, expresé mis preocupaciones nuevamente a la recepcionista con quien me registré y llené todo el papeleo. Un enfermero vino para llevarnos a la sala de rayos X. Le expliqué todo con detalles a él también. Le expliqué sus miedos, sus intereses y su amor por Elmo. Le pedí un osito de peluche con un brazo roto y la rueda de colores para que ella pudiera elegir el color de su yeso. Eligió el rosado. Le expliqué todo lo mejor que pude para proteger a mi hija y hacer el procedimiento lo menos estresante posible. Aun así, lo que pasó fue que mientras se le ponía el yeso a Bri el trajo la herramienta más ruidosa posible sin aviso y sin comunicarme, ¡y la asustó por completo.!

Primera ofensa—ya le había pedido que me dijera cada uno de los pasos antes de comenzar, y ¡el completamente ignoró cualquier petición y se mantuvo moviéndose con todos estos objetos ruidosos hacia mi bebé con autismo! Por decir lo menos, no estaba yo NADA contenta. Aun así, sobrevivimos esta estupidez y nos fuimos a casa con este pequeño yeso rosado en el brazo de mi pequeña y temblorosa angelita.

Mas tarde esa noche, Bri comenzó a atemorizarse por algo bajo el yeso, y comenzó a arañar como una pequeña criatura lastimada. No sabía cuál era el problema, pero sabía que si ella decía cosquillas no quería decir precisamente eso y que algo no estaba bien. A la mañana siguiente, la llevé nuevamente a la misma clínica, cuando abrieron yo ya estaba ahí demandando que revisaran a mi hija para asegurarse que mi niña no era alérgica a algún material que usaron o que simplemente revisaran que es lo que andaba mal. Nuevamente, el mismo enfermero se presentó, esta vez con una escandalosa sierra giratoria para remover el yeso. Por supuesto que Bri perdió la cabeza con todo ese ruido y comenzó a brincar por todo el lugar.

El enfermero me dijo que él ya había hecho el procedimiento un millón de veces, nuevamente ignorando mis peticiones. Además, fue muy negligente al no usar el colchón que usan para poner debajo del yeso antes de cortar. Bri tampoco podía quedarse quieta como ignorantemente él le pedía. El comenzó a cortar rápidamente el yeso y por supuesto que, aunque menor, pero cortó una fina línea en esta preciosa manita.

Yo miraba la escena completamente en shock, simplemente preguntándome que sucedería si llevaba directamente a este idiota a la oficina del doctor. Él se dio cuenta de su error, se disculpó y continuó con los apropiados procedimientos de seguridad, pero ya era demasiado tarde. Bri estaba cortada y traumatizada. Todavía tiene una cicatriz. Yo estaba completamente confundida tratando de interpretar lo que pasó y que salió mal. El doctor entró al cuarto tratando de enmendar de una manera bastante nerviosa, pero hablaba a mis oídos sordos. ¡salimos de la oficina! Tomé las instrucciones de cuidado y me fui a llorar por las dos.

Después que el yeso fuera oficialmente removido y su manita sanado, el mismo doctor me llamo ofreciendo cirugía plástica pagada de su propio bolsillo. Probablemente teníamos un caso de responsabilidad médica de algún tipo, pero de verdad, en ese entonces me encontraba tan triste por mi hija y tan molesta conmigo misma que de alguna manera, no la protegí lo suficiente. Molesta de haber confiado en que esta oficina médica cuidaría a mi pequeño ángel. Estaba molesta y con mucho sentimiento de culpabilidad, por lo mismo incapaz de hacer algún plan con abogados o cualquier cosa. La moral de esta historia es, sigue tus instintos completamente y protege a tus hijos *a toda costa*. Un especialista en pediatría es siempre la mejor opción en estas situaciones, pero atención médica buena o mala la encontramos en todos lados, así que estate alerta.

"Termina cada día y déjalo ir. Hiciste lo que pudiste. Sin duda hubo algunos errores y absurdos; Olvídalos tan rápido como puedas. Mañana es un nuevo día. Debes comenzarlo con serenidad y con un espíritu demasiado alto como para ser entorpecido con tus viejas tonterías ". —Ralph Waldo Emerson

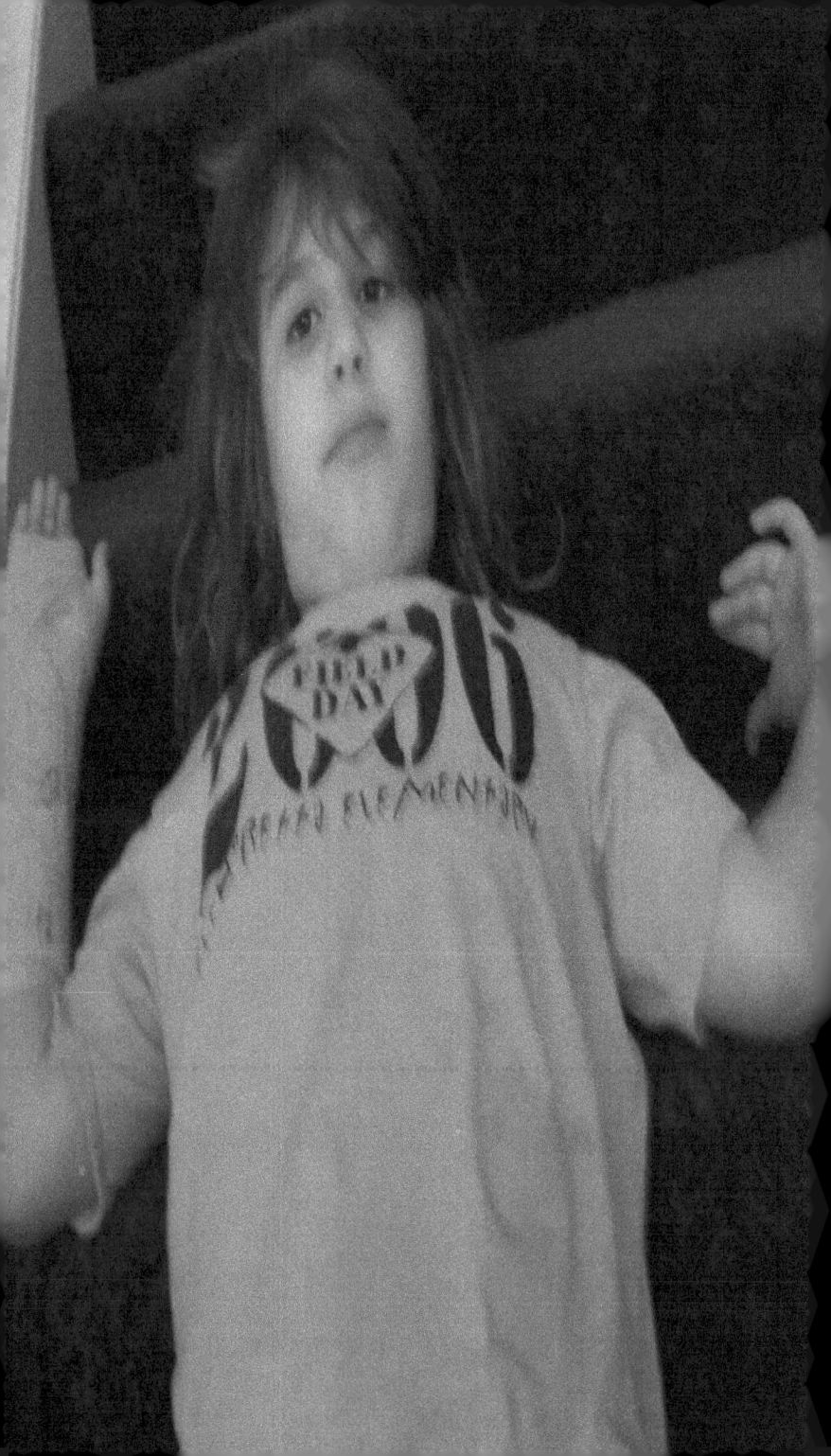

## Capítulo 27

### Escucha a tu Corazón

Te he dicho acerca de algunas de mis experiencias con Bri. Te he dado algunas ideas y consejos sobre cosas que yo aprendí en el camino. Ahora, quiero mencionar tus necesidades como el proveedor de cuidado. Como he mencionado, en los percances médicos, la culpa es el primer dragón que levanta su cabeza feroz. Culpa por el embarazo, culpa por el cuidado, culpa por estar cansada todo el tiempo y culpa por cualquier cosa y todo lo relacionado con tu hijo.     Bri fue un embarazo sorpresa. Había experimentado problemas para quedar embarazada después de la pérdida de mi segundo embarazo. Entonces, cuando Elana, el bebé dos llegó, ¡estaba eufórica! Ella fue mi bebé milagro. Poco después, cuando me embaracé de nuevo con Bri, ¡me sorprendió! Todavía estaba amamantando a una niña de 15 meses, por lo que definitivamente no me esperaba el nuevo embarazo. La culpa que sentí luego se centró en quedar embarazada por sorpresa y tener que dejar de amamantar al bebé número dos.

Después de que Bri naciera, me sentí culpable por el tiempo que le quité a mi hija de apenas dos años y por ella tener que compartir a su mamá. Cuando Bri fue diagnosticada, me culpé por su autismo. Cuestioné mi nutrición durante el embarazo, si había comido demasiado pescado o no, o si pudo haber mercurio en el agua que bebí. Me pregunté si había tomado suficiente ácido fólico u otras vitaminas. La auto interrogación nunca terminó. Me pregunté si habría dormido lo suficiente debido a tener dos bebés al mismo tiempo. Me pregunté si mi cuerpo estaba listo para el embarazo después de haber tenido un hijo un año y medio antes. No pude descansar hasta que supe lo que salió mal y respondí la pregunta de la responsabilidad. A través de los años, la culpa continuaría y buscaría razones para culparme a mí misma, a mi esposo o a Dios.

Mi culpa siguió siendo la conducta más fuerte, irrazonable y autodestructiva que tuve durante años. No te hagas eso a ti misma. La tasa de diagnósticos de autismo está en su punto más alto. Está aumentando en proporciones epidémicas. No lo causaste. Ni siquiera puedes arreglarlo, y yo tampoco. Lo que podemos hacer, sin embargo, es el trabajo necesario para ayudar a nuestros bebés. Parte de ese trabajo consiste en cuidarse a uno mismo para que pueda ser un cuidador eficaz para su hijo. El calendario que mantendrá durante los próximos años con un niño recién diagnosticado agotaría al atleta olímpico más eficiente. ¡Usted debe mantenerse al día! La planificación que tendrá que hacer para el futuro inmediato será agotadora. Tomará organización y planificación, más de lo que cualquier presidente de cualquier compañía Fortuna 500 puede manejar. ¡Puedes hacerlo! Ni siquiera te darás cuenta de tu fuerza o la determinación que demostrarás en los próximos años. Lo sé, lo he hecho durante 18 años y contando mientras escribo este libro. No me di cuenta de lo que sería capaz de hacer, ni tampoco sabía qué habría sido requerido de mí.

Mirando atrás, puedo ver parte de la fotografía, pero no toda. Estaba trabajando, enseñando, creciendo tres niñas, tratando de mantener mi matrimonio, y desesperada por mantener mi sanidad en medio de la tormenta turbulenta amenazando con envolvernos a todos. Se que es exhaustivo. Puede ser extenuante para mí la mayoría de los días, inclusive ahora. También sé que ha habido alegrías y un amor inconmensurablemente perfecto que se desarrolla entre el niño y la persona que lo cuida. El tiempo requerido para este trabajo de ser mamá o papá, o de cualquier puesto de cuidador de estas preciosas almas, merece la pena. Es un regalo que continúa dando, y para que puedas saberlo, para verdaderamente sentir el poder y la belleza que esta vida puede ofrecer, debes estar bien y emocionalmente saludable. Debes encontrar un descanso y tomarlo, todos los días. Debes encontrar tu lugar espiritual, físico y emocionalmente seguro. A veces, con nuestros horarios, puede parecer imposible, pero tómese unos minutos para disfrutar de tu música favorita y escucharla tan fuerte como puedas. Aduéñate de este tiempo como si llevaras a tu mente a unas vacaciones rápidas, y baila un poco si es necesario, mientras sacas tu vajilla de la máquina lavadora, pero tomate tu tiempo. Cómprate un libro de poesías y lee uno al día. Teje. Ocúpate de ti, cualquiera que sea tu manera de hacerlo, por el tiempo que tengas para hacerlo, no importa si únicamente son cinco minutos al día. Siento que traté de hacerlo, pero probablemente lo hice pobremente. Solo ahora, cuando mis otros hijos son adultos e independientes, y es principalmente que Bri y yo navegamos por la tierra de adolescentes, veo que podría haberlo hecho mejor para mí y para que todos mis hijos se hayan beneficiado de una madre más relajada.

Tuve que haber insistido en tiempo de ejercicio. Tuve que haber usado una niñera más a menudo. Tuve que haber escuchado a mi propio consejo acerca del pueblo. Esperemos ser aprendedores, y que aquello que no hicimos perfectamente los primeros cinco meses o cinco años todavía puede mejorarse. Hazlo un reto para ti misma, el que tomarás mejor cuidado de tu persona. Haz una elección positiva de comida para ti, y no solamente comas los restos de la olla o el postre, lo cual ni siquiera es tu sabor favorito, pero es para lo único que tienes tiempo de comer. Baila en secreto tu canción favorita como si fueras la estrella de tu propio espectáculo. Disfruta una bebida antes de las cinco de la tarde, solo una. Asiste a la iglesia y canta tan fuerte como puedas y recibe las bendiciones necesarias para tu propia alma. Escucha a tu mensaje del universo y escucha la voz reconfortante que habla solamente para ti. Cómprate una blusa, una que no necesite ser a prueba de niños. Quiérete, impórtate, de la misma forma que quieres y te importan tus hijos. Tú tienes que ser tu mejor tú. Trata de ofrecerte diariamente ese regalo. Si bien la vida te dará esos días difíciles y distracciones, recuerda al día siguiente retomar el camino. Deja la culpabilidad, no tiene ningún propósito. Tu sirves un propósito maravilloso, pero tienes que cuidarte a ti misma primero.

"Que vivas cada día de tu vida."

—Jonathan Swift

Capítulo 28

El Viaje Verdadero

Hay un hermoso y famoso ensayo que la mayoría de las personas en nuestro mundo de educación especial han escuchado en un momento u otro. Se titula "Bienvenido a Holanda" y fue escrito por Emily Perl Kingsley. Le damos las gracias por esta talentosa pieza.

Bienvenido a Holanda

Continuamente me piden describir la experiencia de criar a un niño con discapacidad para tartar de ayudar a otras personas que no han compartido esa experiencia a comprenderla, a imaginar cómo se sentiría. Es así…. Cuando vas a tener un bebé, es como planear unas fabulosas vacaciones a Italia. Te compras un montón de guías y haces tus maravillosos planes. El Coliseum, Michelangelo David, las góndolas en Venecia. Quizá te aprendes unas frases útiles en Italiano. Todo es emocionante. Después de meses de ansiosa anticipación, el ansiado día llega. Empacas tus maletas y sales. Algunas horas más tarde el avión aterriza, la azafata viene y te dice "Bienvenida a Holanda". "¡¿Holanda?!" dices. "¿Cómo que Holanda?" yo compre un boleto para Italia. Se supone que iba a Italia, toda mi vida he soñado con ir a Italia. Pero hubo un cambio en el itinerario de vuelo. Aterrizaron en Holanda y ahí te tienes que quedar. Lo importante es que no te llevaron a un lugar horrible y sucio lleno de pestilencias, hambruna y enfermedad. Es solo un lugar diferente. Así que, tienes que salir y comprar otra guía, y aprender otra lengua, y conocerás a un grupo diferente de personas que nunca habías visto.

Es más lento que Italia, menos llamativo que Italia. Pero después de haber estado allí por un tiempo y recuperar el aliento, miras a tu alrededor y empiezas a notar que Holanda tiene molinos de viento, Holanda tiene tulipanes, Holanda incluso tiene Rembrandt. Pero todos los que conoces están ocupados yendo y viniendo de Italia, y todos se jactan de lo bien que pasaron allí. Por el resto de tu vida, dices: "Sí, ahí es donde se suponía que debía ir. Eso es lo que planeé ". El dolor de eso nunca, nunca, desaparecerá porque la pérdida de ese sueño es una pérdida muy significativa. Pero si pasas tu vida lamentándote por el hecho de no haber llegado a Italia, nunca podrás ser libre para disfrutar de las cosas tan especiales y encantadoras de Holanda.

He escuchado este ensayo un millón de veces, pero en cuanto lo agrego aquí, la piel se me pone de gallina. Es una manera poderosa y descriptiva de explicar muchos de nuestros corazones. Lo tenía todo planeado para mi vida. Planeé obtener mi título de bachiller en educación especial a los 21 años, ¡palomita! Me casaría a las 22, ¡palomita! ¡El primer bebé llegaría después de un año completo de matrimonio, ¡palomita! Inicio de mi carrera y avanzando, ¡palomita! Cuando la vida comenzó a lanzarme curvas, la mayor parte del tiempo me mantenía firme, porque todos mis planes habían funcionado bien durante la primera década. Llegó mi niña número dos, y todavía estaba en mi plan de vida perfectamente planificado. Luego vino mi inesperado viaje a Holanda, por así decirlo. Estoy segura de que usted también tiene su historia. He compartido piezas de mi corazón en este libro para que puedas conocer los sueños que tuve. Todos tenemos nuestros sueños. La forma en que planifiqué mi vida, lo tenía todo perfectamente programado para hacer que mis sueños se hicieran realidad. Al igual que al principio, cuando me di cuenta de que cuando era niña, podía encontrar un camino para ayudar a los más débiles. Fue genial encontrar mi pasión de niña. Seguí mis sueños e hice planes para una carrera muy útil. Me siento bendecida por eso.

Desde luego, yo nunca planeé ser madre de un niño con discapacidades. Aunque tuve mi viaje a Holanda y resultó muy diferente a mi vida perfectamente planificada, estoy aquí para decirles que mi viaje redirigido ha sido una aventura increíble. ¡Criar a mi hija, mi muy divertida, mi hermosa buscadora sensorial y de lenguaje limitado con autismo ha sido el mejor viaje a Holanda de todos los tiempos! Sin embargo, no pediría que se repitiera, dando la oportunidad de tener una cura para el autismo mañana, pero solo por el bien de Bri, no el mío. Por su alegría e independencia, y la participación en este mundo tan difícil. Por esas razones y más, le quitaría sus limitaciones en un minuto si tuviera la oportunidad. Me alegraría ser un maestro desempleado de educación especial si todos los niños fueran creados iguales. Hasta que llegue ese milagro, estoy aquí para decirles que este es un viaje manejable, maravilloso y loco.

Cuando salí del hospital y llevé Bri a casa, obviamente no tenía ni idea sobre el autismo. Mi embarazo con ella tuvo los obstáculos que mencioné antes y seguí con mi nuevo bebé sintiendo mucha gratitud de que estaba sana. Estaba ocupada. Ella era el número tres, con hermanas de 2 y 11 años, y tenía una agenda muy ocupada de enseñanza, eventos escolares, además de deportes y orquesta para mi cuarto grado en ese momento. Todo lo que sabía en ese momento era la mala gestión del tiempo, cocina para sobrevivir, rutinas de baño y de dormir para tres, y apenas un momento de tiempo adulto.

Es gracioso cómo miras atrás esos tiempos y los extrañas con todo tu corazón. Fue agotador, pero no traumático. Cuando recibí el diagnóstico completo de la discapacidad de Bri, cambió nuestra rutina diaria para incluir la terapia, pero en su mayor parte todo siguió avanzando. Se planificaron vacaciones, visitas familiares y días festivos. Bri encajaba en todo eso al igual que sus hermanas. Era un tiempo típico para todas mis hijas. Bri participó en todo, aunque estoy segura de que utilicé cada evento como una lección de adquisición de lenguaje y desarrollo de vocabulario para ella. Aun así, estábamos viviendo nuestras vidas. A medida que crecía, unos días eran más fáciles que otros. Su nivel de frustración a menudo era desafiado por el nivel de comunicación que tenía en ese momento. Ella estaba aprendiendo más y quería decir más, pero no siempre podía recuperar las palabras. El comportamiento, o lo que parece ser un comportamiento, es realmente solo una parte del déficit de comunicación. Estas deficiencias la frustraban, resultando a veces en berrinches.

Debido a que estaba trabajando con la población más severa en ese momento, de autismo y comportamiento, no iba a permitir que ese fuera el caso con Bri si podía evitarlo. Le ofrecía un lugar seguro para expresar su frustración, pero no la dejaba solo patear y gritar. Lo escribí para ella. "Sé que estás molesta. Dilo "¡Estoy molesta!" "Ahora, ¿qué quieres?", Le preguntaba. Entonces le daba la frase de nuevo, "Quiero". Ella modelaba mis palabras a veces, pero titubeante y de repente soltaba las frases "Elmo", "galleta" o "bebida".

Esos fueron los primeros años aprendiendo su lenguaje y mi aprendizaje de cómo sacarlo de ella. Es diferente cuando se trata de tu propio hijo, porque existe un sentido de urgencia, uno que nunca sentí en el aula. Pero ahora sí. Mis estudiantes ahora, siguiendo la era de Bri, no tienen la oportunidad de que yo no trabaje tan duro como sea necesario para obtener su lenguaje temprano.

Al convertirme en padre al igual que maestra de esta población, aprendí la urgencia de ayudar a nuestros niños a encontrar su voz. El ritmo es diferente ahora. No hay tiempo que perder, porque hay mucho que hacer. Aunque había hitos de terapia, conducta, crecer y envejecer, la crianza de Bri ha sido y aun es, divertido. Encuentro deleite en cada nueva habilidad o expresión verbal. Probar que una nueva terapia funcionó era ganarse la lotería. Los resultados reveladores fueron momentos de inmenso regocijo en mi vida. Mi trabajo resultaba en milagros. Muchas veces te dije que esperaras milagros en las formas más insignificantes y en las mayores manifestaciones. Ellos ocurrirán durante la vida de tu hijo. Los apreciaras, y entonces verás la hermosura de Holanda. Parecerá una vida familiar normal de alguna forma modificada a veces, pero está bien. Experimentaras hermosura con tu niño que es tan diferente del promedio porque tú sabes lo duro que han trabajado para llegar ahí. Nada se da por sentado en nuestras vidas. Apreciarás una palabra nueva. La conciencia de la rutina se hará evidente a lo largo del tiempo con tu hijo y desarrollarán habilidades para integrarse en la familia como cualquier otro hermano. Puede que no se vea exactamente igual, pero la idea de la participación en el hogar es tan importante para tu hijo con necesidades especiales como cualquiera de tus hijos.

Criar a un niño con autismo es ser un maestro, animador, terapeuta, padre y amigo constante. Este no es un papel fácil, pero te coloca en el frente y el centro de sus vidas, por lo que puedes ser testigo de los pequeños cambios cuando llegan. Cada viaje a la playa, cada película y cada viaje de compras con Bri fue una aventura de algún tipo en la que todos aprendimos unos de otros. Observaría sus hábitos alimenticios en vacaciones y aprendería si estaba dispuesta a probar algo nuevo porque estábamos viajando. A veces, si tenía suficiente hambre, probaba algo nuevo, y se convirtió en un hito. Ir a lugares nuevos como un museo de tortugas en la playa, y observar su curiosidad o escuchar vocabulario nuevo, incluso si solo se estaba repitiendo, se convirtió en una maravillosa adición a nuestro día. Estas pequeñas cosas que presencié a diario constituyen una vida de recuerdos que ayudaron a formar a la persona que ahora es mi hija. Ella sigue creciendo y cambiando, y mi experiencia en Holanda ha sido la aventura de toda una vida. La tuya también lo será. La idea principal es que este viaje que has comenzado, o que has estado haciendo durante un tiempo, es tu vida. Puede que no sea el viaje a Italia que deseabas, sino un cambio de vuelo a Holanda, pero sobrevivirás, y prosperarás. Los últimos 18 años de mi vida con Bri han sido un milagro. He aprendido más de ella que de mi título de posgrado. He aprendido siendo su madre, cuidadora, terapeuta y, a veces, su única amiga. Ella también ha sido mi amiga, me enseñó lo que realmente importa, y cómo las palabras pueden ser divertidas. Ir y venir con sí, no, sí, no, porque lo que parece una eternidad puede ser tremendamente entretenido. Podrá reír hasta que las lágrimas se le salgan cuando vea que su hijo está mirando directamente a sus ojos y está apreciando la conexión que está haciendo con este simple juego de palabras. Tendrá muchos juegos y muchas conexiones con su hijo que son solo suyos.

Bri me enseñó que a veces, solo tienes que parar un momento y apreciar los pequeños momentos. Estamos conectadas a un nivel que pocas personas entenderían o experimentan. Yo soy completamente responsable por su seguridad, felicidad, alimentación, entretenimiento e interacciones sociales. Yo manejo su mundo, y lo hago con mucha responsabilidad y también con gusto, esperando que los resultados serán positivos.

Por el precio de ser su madre y su guía, ella me ha dado la profunda alegría y el respeto que una persona pueda tener. Sé que mi camino con mi hija es un regalo. Ella es mi musa en la vida que creamos cada día como mejor nos parezca. Nuestra relación es profunda y más cálida que la mayoría porque es muy antigua. Mis otras dos hijas, las hermosas muchachas de mi corazón, no me necesitan de esa forma más. Ellas tienen amigos y sus propias vidas. No puedo sentirme más orgullosa de ellas. Ellas solo me necesitaron por un tiempo, a diferencia de Bri, ellas no me necesitan para siempre. Bri es mi hija más pequeña, y de algunas maneras, por siempre. A menudo estamos criando a nuestros hijos a través de etapas de desarrollo al ritmo de un caracol, lo que se traduce en el tiempo dedicado a las pequeñas cosas durante meses o incluso años, pero eventualmente pasa a la siguiente etapa.

El tipo de paciencia que aprendemos a tener se traduce en resultados de una satisfacción muy sorprendente. Si fuera fácil, todos podrían hacerlo. Tú no eres todos. Tienes una misión especial para tu vida y la de tu hijo. Es una buena vida. Cuando tu hijo está en silencio la mayor parte del tiempo, juegas un juego constante de adivinanzas sobre lo que quiere o lo que está pensando. Como madre joven, esta se convierte en una segunda naturaleza, pero cuando esta etapa dura toda la infancia de tu bebé, es algo completamente diferente. Esto no significa que tu trabajo y el mío es estar completamente conectados a la necesidad de que se comuniquen con nosotros, aunque esa sería la mejor práctica. En el mundo real, estarás descargando el lavaplatos y presionada por el tiempo, y necesitarás atender a varios miembros de la familia. En estos escenarios de la vida real, también podrías aprovechar estas oportunidades para involucrar a tu hijo en la vida familiar participando en una tarea, sin importar lo simple que esta sea. Es una situación de ganar-ganar. Bri es la única hija mía que sonríe cuando le pido que guarde los cubiertos. Puede que esté sonriendo porque se está burlando de la idea, pero sin embargo sonríe y participa.

La involucraba en estas tareas desde una edad temprana, utilizando el lenguaje terapéutico, guardando los tenedores y cucharas, con la solicitud de "Poner con el mismo". Así es como hablamos en la terapia de prueba discreta, por lo que a menudo nuestros niños están familiarizados con esta frase. Bri se reiría de mí, y luego lo haría completamente, independientemente de cualquier otra ayuda. Mi teoría, además de muchas otras, siempre ha sido que nuestros hijos saben exactamente lo que está sucediendo. La limitación del lenguaje se presenta como si no entendieran, o que fueran niños pequeños. En cierto modo, lo son porque los mantenemos de esa manera. Los protegemos y guardamos contra los peligros del mundo, pero la verdad es que envejecen como todos los demás y no son infinitamente niños. Son inteligentes y capaces y deben ser tratados como tales.

Creo que he luchado con esta idea desde la transición de Bri de la escuela primaria a lo largo de sus años de escuela secundaria y preparatoria. Todavía es una niña que me necesita de alguna manera, pero no siempre. Estoy segura de que algunas veces se aburre de estar conmigo y no estar viviendo una experiencia de adolescente más natural. Hay días en que yo también necesito un descanso de la responsabilidad. Sin embargo, es nuestra vida y no tenemos muchas opciones al respecto. Pero estoy tratando de crear una experiencia más natural para ella usando ayudantes que sean más apropiados para su edad, y continuando con la transición a un estilo de vida más independiente para las dos. Se necesitará más planificación y trabajo, pero es lo correcto. Es tan difícil dejar de tratar a nuestros niños con una discapacidad como si no tuvieran una. La verdad frente a nosotros es dolorosa, pero ¿qué tal y si ellos no lo saben? ¿Qué sucede si podemos asumir competencia e inteligencia y reducir los límites que les estamos imponiendo? Hacer que su camino se convierta en una experiencia nueva, más madura y apropiada para su edad se siente igual que todo el trabajo que hice en los primeros años, ¡pero en el siguiente nivel! Este viaje tiene nuevos caminos y nuevas trayectorias en cada paso del camino. Estoy hablando en este nuevo nivel y mi nuevo rol ahora. No es fácil, porque mi función aún no se ha creado. Sin embargo, como padres nos autoalimentamos. Buscamos nuevas terapias y recursos, y rompemos más barreras en nuestras escuelas y en nuestras comunidades. Es el siguiente paso para nosotros y para muchos de ustedes con niños que están en edad de Prepa o mayores en el espectro.

"Debemos dejar ir la vida que hemos planeado, para aceptar la que nos espera".

—Joseph Campbell

## Capítulo 29

## Los Sueños

Los sueños vienen y van mientras dormimos, y vienen y van de nuestras vidas. Cambiamos nuestros sueños en el camino, comprometiéndonos porque no hay otra opción más que la de aceptar un nuevo sueño, como en el ensayo acerca de Holanda. Mientras escribo este libro, estoy ansiosa esperando por cumplir un sueño de hace 30 años—un viaje verdadero a Italia.

He viajado antes sin Bri, fuera del país a una boda familiar en Israel. Fue maravilloso y glorioso viaje en el cual aprendí a respirar nuevamente. Tomar tiempo para mí fue maravilloso, lleve a mi hija la mediana, así que todavía puede considerarse una aventura familiar. Bri sobrevivió y yo me divertí mucho con la abuela y otra hermana de regreso a casa. Esperé todos estos años para viajar.

Planeamos nuestro tan esperado viaja a Italia, el lugar de mis sueños, una luna de miel con mi esposo, 30 años más tarde de lo que debió hacerse. Siempre encontrábamos una razón para no hacer un viaje como este. Por un nuevo trabajo, un nuevo pago de casa, y eventualmente hijos que crecer, lo cual retraso el sueño.

Nos llevó meses planear para una semana de diversión, pero todo valía la pena. Simplemente planear lo que me pondría, que miraría, que debería comprar era todo parte de la planeación inicial. El punto es que, no necesitas parar de ser tu misma, o ser pareja, o simplemente tener un poquito de vida de adulto. Puede que se retrase 30 años, lo cual es un largo tiempo, pero espero que esta información que te proveo te ayude a planear más pronto y mejor de lo que yo lo hice. En el fondo, esta nuestro miedo de dejar ir (soltar) el control de nuestros hijos y sus vidas—la idea ilusa de que solo tú puedes hacer el trabajo. De alguna forma, pensamos que el mundo se derrumbará en pedazos si no somos la persona que cuide de todos los detalles. Estoy aprendiendo que debemos dejar ir este miedo, por nuestra sanidad, y por el bienestar de nuestros hijos. Nuestra familia, amigos y proveedores de cuidado en los que confiemos, pueden ayudar y probablemente deseen hacerlo de vez en cuando. Yo me puse muy emocional mientras escribía estas palabras porque es el miedo el que me ha retenido por mucho tiempo. La mayoría del tiempo era más fácil hacer las cosas yo misma, que pedir ayuda. La planeación, preparación, costos extra, y la preocupación hacia más fácil desechar la idea de tener algún tipo de vida personal. Es lo mismo para los maestros. Preferimos ir al trabajo, aunque nos estemos muriendo, que escribir las notas de instrucción para los substitutos. Simplemente parece más difícil explicar por escrito lo que hemos estado haciendo, respirando y ejecutando para nuestros niños. Aun así debe hacerse. Todavía serás buen padre si tienes un poquito de vida para ti misma de vez en cuando. Todavía serás buen padre, y tu hijo te adorará todavía. Serás una persona más calmada, una mejor versión de ti cuando tomes un poco de tiempo para ti, especialmente para un especial viaje corto o algo que sea solamente para ti. Espero planees muchas pequeñas salidas de fin de semana para ti, así como viajes familiares. Espero que no esperes por tan largo tiempo como lo hice. Vive una vida completa, es posible incluso teniendo un niño con necesidades especiales.

Italia

El viaje de mi vida, un sueño que nació antes incluso que mis hijos, se está haciendo realidad. Realmente va a suceder. Nuestra familia está pendiente para cuidar a Bri. Mi madre tomo un vuelo y llegó, así que comienzo a darle instrucciones, a nuestros problemas de seguridad y un inventario de la comida en la casa. Por supuesto, el refrigerador cuenta con un suministro mensual de wafles congelados, tocino de pavo e incluso el refresco prohibido. La despensa está llena de cereales, papas fritas y pasteles para tostar. He limpiado la habitación de Bri y he organizado todas sus cuentas, materiales para colorear y animales de peluche. He cargado las tabletas, los reproductores de mp3, alineé los auriculares y miré a mi alrededor para ver qué otra cosa podría hacer para que esto funcione. Durante semanas, le expliqué a Bri, que mamá y papá irán en un avión y volveremos pronto. Le dije que su abuela viene y que su hermana estará con ella para visitarla mientras yo no esté. He hecho un calendario con fotos de nosotros y un avión para cada día que nos vamos, y he hecho un círculo en el día en que regresaremos. Le digo a ella cada mañana y cada noche cuánto la quiero y que le traeré un regalo de Italia. He sentido culpabilidad, pero de inmediato trato de bloquearla.

¡Necesito este viaje! Mi matrimonio necesita este viaje. Mi corazón ha estado sufriendo por un viaje de ensueño como este toda mi vida. Me lo merezco. Seré mejor en todos mis roles cuando regrese de estas vacaciones. Intento desesperadamente convencerme a mí misma, pero la culpa, la culpa monstruosa, siempre se avecina en el fondo de mi mente. Finalmente llegamos a Italia. Es más hermoso que todos mis sueños. Es impresionante. La experiencia de tomar el avión desde Atlanta a Nueva York, luego a Milán, fue divertida y aventurera.

Poco a poco, mi esposo y yo comenzamos a hablarnos de nuevo, no sobre los niños, la vida y las facturas, sino sobre esta belleza que tenemos delante. Fuimos a los miradores. Pasamos horas en un tren, después de pasar la noche en el avión, simplemente para sentarnos y mirar. Sólo nosotros en el tren por horas a Roma es magnífico. Desde pequeñas ciudades, paredes de grafiti, paisajes de campo hasta los Alpes nevados, nuestra vista es impresionante.

Decido qué comer, dónde sentarme, cualquier elección que sea necesaria, solo para mí. Esta oportunidad era tan necesaria, y he disfrutado cada segundo. Durante las primeras horas, decido comprar regalos para todos mis hijos, probablemente para dejar de lado la culpa de mi indulgencia.

Aun así, disfruto cada parte del viaje.

Comemos pasta. Comemos increíblemente deliciosas comidas frescas y gelato varias veces al día. Nos sentamos en cafés y nos tomamos nuestro tiempo. Incluso discutimos un poco, debido a la tensión de esperar tanto tiempo para hacer esto y por todos estos años que nos pesaron a los dos.

Los mercados de flores, las esculturas y el Vaticano son nuestro único enfoque posterior. El desayuno es una fantasía. Entramos en un teatro cubierto de terciopelo rojo con altos jarrones de vidrio llenos de las más bellas flores púrpuras y blancas. Las mesas están llenas de salmón, jamón, diminutas salchichas de pavo, huevos del color del sol, quesos de toda la región y panecillos recién horneados. El café que se sirve en nuestra mesa es el más elegante que he probado en mi vida, junto con otra jarra de leche caliente al vapor que se vierte en la porcelana más bonita de algún lugar del pasado. El champán también forma parte del desayuno, con todo tipo de zumo recién exprimido que puedas imaginar, junto con todos los condimentos necesarios, como miel, mermeladas, nueces y chocolates. Tal belleza, tal lujo, un viaje de toda la vida, y la curación de muchas maneras. Sí, es muy merecido.

Ahora, soy el tipo de persona que puede apreciar belleza en todo, en un día normal, pero este viaje fue muy especial. Me tomé mi tiempo en la ducha. Me vestí con ropa de moda, accesorios, jugué con mi maquillaje y debatí sobre la selección de zapatos. Mi enfoque se centró en mí y en este viaje, y no tardé mucho en acostumbrarme al lujo. El balance que siempre estoy buscando se cumplió durante esta corta semana. Definitivamente fui mejor cuando regresé a casa. Me tomó no menos de

17 años de la vida de mi hija hacer este viaje. Probablemente no era necesario, pero lo fue para mí. Cuando fuimos, estaba lista, y creo que Bri también lo estaba. La abuela la cuidó perfectamente. Ella la pasó muy bien. Ni siquiera estoy segura de lo qué significa el tiempo para nuestros hijos. Tampoco estoy segura de si ella sabía cuánto tiempo es una semana, pero ella también tuvo unas minivacaciones sin mamá. Debería haber hecho esto antes. Mi punto, por supuesto, es que, en este viaje de criar a un niño con una discapacidad de cualquier tipo, o a cualquier otro niño, es importante cuidarse a sí mismo, y que otros miembros de la familia, así como usted, lo hagan por su hijo. El equilibrio es lo más importante, en la naturaleza y en nuestras vidas, para poder lograr el mejor resultado de manera

consistente para todos sus seres queridos, incluido usted mismo.

Tuve mis vacaciones soñadas, mi respiro de aire fresco y el tiempo para sanar y pensar. Fue encantador y me dejó con los mejores recuerdos para toda la vida. Espero planear nuestro próximo viaje. Les he dado la versión parafraseada de esta ruptura con mi realidad, pero no quiero eludir que fue fácil. La idea era una cosa, pero hacerla realidad requería mucha discusión, planificación y dudas. Le debo un agradecimiento especial a mi director por permitirme tomarme el tiempo a mediados de febrero durante el año escolar.

Este viaje fue tan necesario para mi familia. Estoy segura de que habrá más de una vez donde el tiempo libre también beneficiará al suyo, y usted debe sentirse bien con todas sus decisiones. Tendrás que evaluar qué tiempo te funciona mejor. Para mí, nunca fue el momento en que ella era pequeña. Permití que mi culpa o mi sobreprotección, o simplemente ser madre, tomar cualquier idea de una escapada con mi esposo o incluso planear el viaje de una niña. Es posible que haya esperado demasiado tiempo para darme cuenta de eso, por eso espero que tu tiempo para cuidarte a ti mismo se abra antes de lo que lo hizo para mí.

Mientras escribo estos últimos capítulos, estoy mirando el futuro cercano de mi hija, va a cumplir 18 años y todo lo que conlleva con sus hitos. He comenzado a juntar fotografías de su niñez para decorar para la fiesta y me ha llevado a un nostálgico viaje por días. Hubo muchas cosas que he hecho correctamente, pero mirar hacia atrás desde un lugar diferente siempre te hace consciente de lo que has aprendido a lo largo del camino, y algunas veces deseas que puedas hacer las cosas de nuevo. No te hagas eso a ti mismo. Por otro lado, cuando miro los muchos momentos sonrientes de su cara preciosa, me hace darme cuenta de que ella ha sido bien cuidada y feliz. También entiendo que a medida que aprendí más, hice más y, con suerte, lo haré mejor en el futuro.

En esta etapa de su vida, estoy haciendo todo lo posible para darle la dignidad de ser una joven dama y no una niña. Es difícil, ya que es una persona que todavía demuestra un amor igual por Elmo y Elton John, pero esto es lo que es. Ya no es mi bebé, y me estoy enseñando a hablarle y tratarla como la joven de 18 años en que se ha convertido. Los proyectos futuros a los que me enfrento, como prepararla para las próximas etapas adultas de su vida, son desalentadores. Me he convertido en un experto, por así decirlo, en bebés hasta los 18 años, y en niños con discapacidades, especialmente en el autismo, pero le garantizo que todavía aprendo todos los días. Tengo un estudiante que hará formas y ahora obtiene números de cada pedacito de material que puede tener en sus manos. Su último arte fue hecho de jalea de una barra de cereal, con la que solía crear cuidadosamente el número nueve. En el pasado en mi salón de clases, es posible que lo haya borrado y lo haya redirigido a materiales de escritura más apropiados. Ahora, cuestiono esa enseñanza. Si esta pequeña alma piensa tanto en el número nueve que tiene que hacerlo con gelatina, dejo que lo haga. Su cerebro le está diciendo que no hay nada más importante que los números en este momento, y debe hacerse. Esta es la belleza artística y el misterio del autismo. En estas situaciones, especialmente como maestros, debemos realmente pensar en lo que se está procesando en sus cabezas y preguntarnos si la batalla vale la pena. Por supuesto, eventualmente limpiaré la mesa de sus migajas y le daré papel y un marcador, o plastilina con plantillas para hacer su número nueve. Pero en este momento, no tengo que reventar su burbuja. Este ejemplo ilustra que el autismo es un trastorno complejo que permite a un niño hermoso demostrar inteligencia de muchas maneras novedosas. Solo el nivel creativo que nuestros hijos nos muestran cada día con la forma en que juegan, nos muestra cómo están pensando. Debemos convertirnos en los observadores más hábiles del comportamiento para verlo todo.

Él es el niño que toma los diminutos manipuladores de ranas rojas y, en lugar de contar hasta cinco y seguir la dirección del maestro, decide formar un número cinco con todas las ranas. El genio puro está demostrado, pero definitivamente está fuera de la caja. Aun así, él está demostrando lo que sabe. Me mostró que sabía sus números, pero me mostró jalea o ranas. Tal vez sea hora de ver eso como la increíble expresión de conocimiento que es, y dejar de intentar corregirlo para que se ajuste a nuestras formas tradicionales de aprendizaje.

> "La vida es un libro con miles de páginas que todavía no leo."
> —Cassandra Clare

Capítulo 30

Resumen

Al principio, quería ser la maestra de Educación Especial que haría la diferencia en la vida de los niños. Quería ayudar a los padres, amando a sus hijos y enseñándoles lo mejor de lo que aprendí en el colegio. Un rayo me golpeó, y soy madre de una niña con discapacidad. Mi historia no es única, incluso con los colegas en el campo quienes también han sido bendecidos con niños especiales.

Mi historia es única, únicamente en el humilde aspecto de que ésta que es mi hija, me ha hecho la mejor persona que hubiera podido llegar a ser sin ella en mi vida. Ella, me ha enseñado paciencia y ¡la ha puesto a prueba! Me ha enseñado lo emocionante que es mirar la luna como si fuera la primera vez. Me ha ayudado a entender que cada día, es un día de aprendizaje. He experimentado altas y bajas con ella por 18 años, comenzando por la respuesta a mis oraciones al rogar que ella naciera saludable y que no hubiera necesidad de una operación del corazón como el doctor había sugerido cuando me hizo el primer ultrasonido temprano durante mi embarazo.

Ella y yo, hemos sobrevivido la vida, y lo hemos hecho juntas con un poquito de desastre y muchas risas. Criar a una niña hasta su edad adulta usualmente se convierte en algo fácil con forme crecen y se vuelven más independientes. Llegan a su adolescencia y cada vez te quieren menos al rededor. Bri y yo, pasamos muchos más años en Chucky Cheese que cualquier otro padre pudiera soportar, junto con la continuidad de las fiestas de cumpleaños para Elmo por décadas, lo cual evolucionó al ella unirse a mi grupo de amigos para la comida mexicana de los viernes. Lo que sea, lo hemos hecho juntas. Todavía lo hacemos juntas. He aprendido de este ángel en la tierra, que nuestro trabajo nunca termina. Lo que aprendimos ayer, no será suficiente para mañana, y la pregunta de ¿qué es lo que sigue? es siempre nuestro lema.

Al ser su madre, he aprendido que no soy una super mujer, pero está bien.

Le amo tanto, a ella y a sus hermanas. Quisiera cuidarlas a todas a veces, pero estoy cansada. Hay veces que quisiera bajarme del tren del autismo. No quiero planearlo todo, todos los días. Es en esos momentos en los que me doy permiso de tomarme un descanso, si es posible.

Además, mis hijas también han aprendido una de otra. Han sido las mejores hermanas para Bri. Ellas son fuertes y protectoras sobre la conciencia del autismo y lo han sido toda su vida.

La mayor de mis hijas es enfermera y trabaja con niños con autismo. Mi segunda hija está estudiando la carrera de medicina y participando en un internado interesante con jóvenes con autismo. Bri nos ha influenciado a todos. Para no ser tan optimista, como mi padre solía decirnos, este no es un camino fácil. Cada uno tiene una perspectiva personal de su destino, con un niño con discapacidades. Para mí y la familia, Bri es la fuente de luz y crecimiento. Estaré eternamente agradecida de tenerla como mi hija. También estoy agradecida por mi Carrera de más de 30 años ya, en los que he aprendido de cada uno de los preciosos estudiantes que han pasado por mi salón de clase. Por las familias que he conocido con historias similares a la mía, quienes me ofrecieron camaradería, y por las familias a quienes mis experiencias le sirvieron de guía para sus próximos pasos con sus niños, por todas esas experiencias, soy otra y estoy agradecida por todas las lecciones aprendidas.

Continuaré creciendo y aprendiendo tanto como pueda acerca del autismo, y juntos conseguiremos más soluciones que problemas. Es un viaje de bajada por un sendero de bloques amarillos, estoy segura, pero no estás sola. Tómalo un día a la vez. Cuando no tengas una respuesta, busca a alguien que te ayude a encontrarla. Hay recursos disponibles, y el mundo se está volviendo más inteligente y tolerante para ayudar a que sea un mejor lugar para que nuestros niños crezcan. Cada niño con autismo o cualquier discapacidad diferente. La única verdad que conozco es que cada niño tiene algo que enseñarnos. Cada niño tiene una personalidad y un alma hermosa, y es nuestro trabajo descubrir quienes son. Es nuestro privilegio enseñarles como navegar mejor su viaje individual. Disfruta el proceso, regocíjate de los pequeños pasos, y cuida a toda tu familia, incluyendo a ti misma.

"Todos somos ángeles con una sola ala, y solamente podemos volar abrazándonos."—Luciano De Crescendo

## Epilogo

Nuevas terapias en el horizonte. He sido testigo de un progreso al que solo se puede hacer referencia como un milagro. Hace poco me encontré con un estudiante a quien enseñé cuando era niño en la escuela secundaria. En ese momento, su lenguaje se limitaba a solicitar y responder preguntas básicas. Actualmente, ha iniciado una nueva terapia en línea con el método de solicitud rápida. Esto implica utilizar un tablero de letras para deletrear en función de las lecciones que son apropiadas para su edad en la materia, y se hacen preguntas sobre lo que se lee al estudiante. Comienzan respondiendo con ortografía. La filosofía detrás de este método es asumir competencia en estos individuos con autismo.

Delante de mis ojos, sin que me lo pidiera un terapeuta, excepto para sostener el pizarrón, me explicó letra por letra. Me habló a través de sus cartas, como si hubiera estado hablando toda su vida. Esta es información nueva para mí en este momento, pero he inscrito a Bri en la misma terapia. El nombre de esta terapia se llama Ortografía para Comunicarse. Podemos estar en la cúspide de una nueva forma para que nuestros hijos nos alcancen. No todos los niños responden a todas las terapias por igual, pero como mencioné en el libro, inténtalo todo.

Me gustaría que mis lectores se mantengan al tanto de toda la nueva información. Investígalo todo para el beneficio de tu hijo. Nunca dejes de luchar por ellos. Nunca pierdas la esperanza. Amamos a nuestros hijos y los apoyamos como son, pero al mismo tiempo debemos seguir buscando y probando nuevas terapias y estrategias para darles la mejor oportunidad de aprender y comunicarse con nosotros.

## Sobre la autora

Lynn Shebat es una maestra de educación especial, especializada en autismo y trastornos de conducta. Ella ha enseñado en Florida, Carolina del Norte, Carolina del Sur y Georgia. Ella es una maestra con décadas de experiencia y ha enseñado en todos los niveles de grado. Lynn tiene una maestría en educación especial de la Universidad Estatal de Georgia y completó su licenciatura en la Universidad Internacional de Florida, en Miami, Florida, donde creció.

Lynn fue nominada como Maestra del año para 2018, para su escuela actual, donde ha enseñado preescolar para necesidades especiales durante los últimos siete años, y se ha desempeñado como líder del departamento y entrenadora de comportamiento para el equipo de Intervención de Comportamiento Positivo. Ella ha trabajado con las poblaciones más severas durante gran parte de su carrera, y aún disfruta el desafío de aprender sobre los intereses, fortalezas y debilidades de cada niño.

Ella vive en Atlanta, Georgia con su esposo y sus tres hijas, y un yerno.

www.ingramcontent.com/pod-product-compliance
Lightning Source LLC
Chambersburg PA
CBHW071644090426
42738CB00009B/1421